JN014730

株主間契約・合弁契約の実務

長島・大野・常松法律事務所
弁護士
藤原総一郎 編著

弁護士 **大久保 圭**

弁護士 **大久保 涼**

弁護士 **笠原康弘** ——著

弁護士 **粟谷 翔**

弁護士 **加藤嘉孝**

弁護士 **宇治佑星**

中央経済社

はしがき

　企業の買収・投資等の案件に従事する実務家にとって，株主間契約は，簡単なようで難しく，単純なようで複雑な契約である。

　その内容は比較的定型的であると考えられることもあり，タームシートの段階ではそのような議論が当てはまるかにも見えるが，最終的に締結される契約の具体的内容は，千差万別と言って良い。特に，株式の譲渡に関連して「First Refusal」「First Offer」「First Look」「Last Look」「Tag」「Drag」といったシンプルな英語で表記されている権利が，いざ具体的に契約の条文となった場合の規定ぶりのバラエティの豊富さには，驚くべきものがある。

　また，株主総会・取締役会の決議事項や拒否権など，そこまで記載ぶりに大きなばらつきが生じないガバナンス関係の規定についても，自らが（又は自らの依頼者が）保有する持株比率や置かれている立場に応じて気にするべきポイントが全く異なるが，そのような差異があることがそれほど強く意識されずに交渉が行われている場面も散見されるところである。

　本書は，そのような性質をもつ株主間契約について，基本に立ち返りつつ，実務的に考慮すべき論点を整理した上で，会社法その他の法律上の問題点についても議論を深めることを目的としている。本書の執筆者の多くは『M&Aの契約実務（第2版）』（中央経済社，2018年）の執筆者でもあるが，本書は，株主間契約について，同書と同様の狙いを持って執筆されたと言い換えても良いかもしれない。幸いにして多くの読者を得ることができた『M&Aの契約実務』と同様に，本書が多少なりとも実務家のお役に立つことができれば，望外の喜びである。

　本書中の意見にわたる記述は執筆者の現時点における個人的な見解であり，所属する組織の見解ではないが，本書の執筆にあたり，多くの同僚から数々の有益な示唆を受けた。そして最後に，本書が日の目を見ることができたのも，中央経済社の末永芳奈氏の粘り強いサポートと叱咤激励があってこそのことである。それぞれ，ここに改めて感謝の意を表したい。

　2021年7月

執筆者を代表して
長島・大野・常松法律事務所
　　弁護士　藤原　総一郎

目　次

第2章

ガバナンスに関する条項

第3章

事業に関する条項

73

第4章
株式の譲渡に関する条項

第2章

金融投資家が当事者となる株主間契約

第3章
個人が当事者となる株主間契約

第1編

株主間契約・
合弁契約とは何か

第1章

総　論

　株主間契約とは，その名のとおり，株式会社の株主の間で締結される契約を意味する。会社法は株式会社の株主の権利義務について様々な規定を置いており，また，様々な裁判例も存在することを考えれば，特段の契約を結ばなかったとしても，株主の置かれている法的地位はある程度明らかであるが，取扱いが明確ではない論点が多数残っていることは確かであるし，何より，会社法によって定まる通常の規律（デフォルト・ルール）の修正や，会社法に定めのない事項についての取決めを各株主が希望する場合には，契約によってこれを定めるニーズは確実に存在することになる。

　例えば，会社法のデフォルト・ルールによれば，過半数の議決権を保有する株主は，すべての株主総会の普通決議の内容（主要な決議事項については図表 1 - 1 - 1 参照）を完全にコントロールすることが可能である。

図表 1 - 1 - 1　取締役会設置会社における株主総会の主要な普通決議事項の一覧
・自己株式の取得（会社法156条 1 項） ・総会検査役の選任（会社法316条 1 項） ・業務財産検査役の選任（会社法316条 2 項）

- 延期・続行決議（会社法317条）
- 役員の選解任（会社法329条1項・341条）
- 会社と取締役との間の訴えにおける会社の代表者の選定（会社法353条）
- 会計監査人の出席要求決議（会社法398条2項）
- 計算書類の承認（会社法438条2項・441条4項）
- 減少額が分配可能額より少ない場合の資本金の額の減少（会社法447条1項）
- 準備金の額の減少（会社法448条1項）
- 資本金の額の増加（会社法450条2項）
- 準備金の額の増加（会社法451条2項）
- 剰余金の処分（会社法452条）
- 剰余金の配当（会社法454条1項）
- 株主総会議長の選任
- 株主総会の議事運営に関する事項の決定

　普通決議事項には役員の選解任が含まれる結果，大株主は，すべての取締役を意のままに選任できることになる。

　少数株主が存在する場合には，各取締役の行動は善管注意義務という観点から制約を受けるものの，会社に損害を与えない限りにおいて，常に大株主の意向を受けた意思決定が行われることが予想される。

　つまり，過半数の株式を保有する大株主は，株主総会において特別決議が必要とされるような事項は別として，あらゆる会社の意思決定を事実上支配できるということになる。例えば，第2位の株主が49％の議決権を保有している場合に，この状態を何とか修正したいと考えるのは当然である。

　また，会社法上認められている定款上の株式の譲渡制限には様々な限界と例外があり，より厳しく譲渡を制限したいというニーズや，一定の場合にのみ自由に譲渡を可能にしたいといったニーズは頻繁に生ずるものである。

　例えば，2分の1ずつの議決権を保有し，同数ずつの取締役を指名している株主の間において，相互に相手方が同意した場合でなければ株式を第三者

には譲渡しないことにしたいと考える場合においても，定款上の譲渡制限は完全ではない。一方の株主が譲渡しようと考え，譲渡承認を請求した場合には，仮に会社がこれを承認しなかったとしても，一定期間内に会社が別途買取人を指定するか会社が自ら買い取らない限り，請求どおりの譲渡が可能になってしまうからである（会社法145条等，本編第2章③参照）。

　売買価格についても協議がまとまらなければ裁判所が決定すること（会社法144条等）は問題となりうるし，適時に買取人を見つけることができるとは限らないという問題もあることを考えれば，各株主の意図を実現する仕組みとしては不十分と言わざるを得ない。

　これらの問題を解消したいというニーズを実現する手段として締結されるのが，株主間契約である。

第2章

締結される典型的な場面と概要

1 合弁契約

　株主間契約の典型例の一つは，複数（多くの場合2名）の株主が出資する合弁会社を組成する際に，株主間での合意事項を定める合弁契約としての株主間契約[1]である。合弁会社においては，少数派の株主も会社の運営に対する影響力を行使したいと考えているのが通例であり，取締役等の役員の選任や各種意思決定について会社法のデフォルト・ルールを修正する必要性が高い。また，合弁会社の株式の譲渡は，株主同士が手を取り合って共同して事業を進めようという合弁事業の終了や一部株主の撤退を招く行為であり，その手続や可否の基準について詳細な規定を置く必要性が高いといえる。

2 一部買収やコンソーシアムによる買収に伴う株主間契約

　また，企業の買収（M&A）の局面でも，買収者が株式の全部ではなく一

　1　契約の名称は合弁契約とされる場合も株主間契約とされる場合もあるが，本書においては基本的に株主間契約で統一する。

部のみを取得するような場面では，既存の株主と買収者である新しい株主との間で株主間契約を締結される場合が多い。複数の買収者がコンソーシアムを組んで買収を行う場合も同様である。

　これらの場合において株主間契約が必要となる理由は合弁会社の場合とほぼ同様であるが，これらの類型の取引では関連当事者の一部がプライベート・エクイティ・ファンド（PEファンド）であることも多いところ，そのような場合には，PEファンドは近い将来において株式を処分すること（エグジット）が当然に想定されていることもあり，特有の条項が多く置かれることになる。

3　VC投資等に伴う株主間契約

　一方，第三者割当て等を引き受けることによって株式を取得する場面において締結される株主間契約については，株主間契約の当事者とならない株主が存在する場合も多く，上記の各類型とは異なる配慮が多くなることも多い。

　例えばベンチャーキャピタルファンド（VCファンド）がスタートアップ企業に投資する局面において，既存株主や経営株主との間で締結される株主間契約については，証券取引所における株式上場（IPO）やM&Aによるエグジットに対する配慮が必要であるという特徴に加えて，各株主が保有する株式数に応じて会社運営に関与する度合いが異なり，種類株式が多用されることもあいまって，複雑な規定が置かれることも少なくない。

　また，上場会社においても，第三者割当等により新たに株式を取得する大株主が，他の大株主との間で株主間契約を結ぶことがある。上場会社の株式については公開買付規制が適用されるほか，契約の内容が大量保有報告等を通じて開示義務の対象となる場合も多く，上場会社の株主間契約については特有の問題点が多い。

第3章

会社法との関係と位置づけ

1 総　論

　第1章でも述べたとおり，株主間契約が，会社法によって定まる通常の規律（デフォルト・ルール）の修正や，会社法に定めのない事項についての取決めを行うというニーズに応えるものであれば，必然的に，そのような修正や追加的な合意の効力が会社法上どのような効果を有するかが論点となる。

　一般論として言えば，会社法には強行規定と任意規定があり，強行規定に反する株主間契約の規定は無効になるか契約上の意味のみを有するということになり，任意規定についていえば，株主間契約の規定が優先的に適用されるということになろう。

　具体的にどのような帰結になるかは論点ごとに異なることになるが，本章ではいくつかの論点を取り上げて検討する。

2 株主間契約と定款の関係①…会社運営に関する規定の場合

　株式会社における定款は，会社の最高の自主規範であり，例えば株主総会における特別決議事項を追加したり，株主総会における決議の定足数の要件を緩和したりするなど，会社の運営に関するデフォルト・ルールを変更することができるといった機能がある。

　株主が2名しかいない合弁会社を例に取ってみれば，会社の運営に関する基本事項についての両株主の理解を定款の規定の形で定めることが可能であり，その実質的な意味合いが株主間契約に近づいていくことは否めないが，定款はあくまで会社の内部規範であり，契約そのものではないことから，定款と株主間契約はその性質を異にするとともに，当然ながらその内容も完全には一致しないことになる。

　会社の運営に関する定款の規定の多くは，いわゆる相対的記載事項であり，定款に記載して初めて会社法上の効力を生ずるが，ひとたび定款に規定した場合には，その違反は会社法の問題となり，ひいては会社の行為の効力に影響を与えうることになる。

　例えば，少数株主に拒否権を与える趣旨で定款において特定の契約締結について取締役会の決議要件を加重していた[1]にもかかわらず，加重された決議要件を満たす決議がなされていなかった場合には，取締役会決議は無効となり，当該契約の締結は必要な取締役会決議を欠くものとして，原則として

　1　例えば，多数株主が3名，少数株主が2名の取締役をそれぞれ派遣していたような場合において，ある取締役会に株主Aの派遣取締役が2名，株主Bの派遣取締役が1名出席したとすると，株主Bの派遣取締役が反対した場合には，出席した取締役の過半数という会社法上の決議要件は満たされるが，定款により加重された決議要件は満たさないことになり，株主Bは拒否権を有することになる。

有効ではあるものの，相手方が決議を欠くことを知り又は知り得た場合には無効となる（最判昭和40年9月22日民集19巻6号1656頁）。

　また，契約締結について定款違反があったことは，事実関係次第であるものの，関連する取締役の善管注意義務違反に該当する可能性がある。

　一方，株主間契約の違反は，あくまで契約の違反にすぎず，会社法上の問題は基本的に生じない。

　上記と同じような事例（特定の契約締結について取締役会の決議要件を加重する旨の規定が株主間契約に含まれていたにもかかわらず，加重された決議要件を満たす決議がなされていなかった場合）であっても，生ずるのは契約当事者間での債務不履行の問題にすぎず，会社の取締役会決議やそれに基づく契約締結の効力には一切影響がないことになる。

　また，取締役の善管注意義務の観点からも，加重されていた要件を満たしていなかったことが問題となるとは考えがたい（そのような契約締結を承認したこと自体が善管注意義務に違反しないかは一般論として論点となるが，それは決議要件の加重とは無関係に常に問題となり得る論点である）。

　このような差異が生ずることに加えて，一般論として株主間契約の違反に対する救済方法が十分とは限らない（下記4参照）ことを踏まえて考えれば，特に少数株主の立場からは，少数株主保護のための規定は定款に定める方が望ましいと言える。

　しかしながら，日本における実務としては，定款には規定せず，株主間契約における規定のみで対応することが一般的である。理由は明らかではないが，仮に定款違反であったとしても，取引の相手方が決議を欠くことを知り又は知り得た場合でなければ有効になってしまうという点もその理由の一つであると想像される。

　なお，少数株主の拒否権を保護するという観点からは，単に定款において決議要件の問題として処理するよりも，種類株主を発行して種類株主総会決議事項とする方が保護される可能性が高い。種類株主総会決議事項については，その内容が登記事項とされることから，取引の相手方に悪意や過失が認められやすいといえるからである。

　もっとも，これも日本における実務としてはほとんど利用されていない。そもそも種類株主総会決議事項が登記事項となって公開されること自体を好まない当事者も多いことが，種類株式の利用が進んでいない理由の一つではないかと推測される。

　少数株主の拒否権を保護するその他の方策としては，会社法109条2項に基づく「株主ごとに異なる取扱い」を定款に定めることによって対応することも考えられるが，あくまで株式の権利内容であるうえ，この規定に違反した場合の効果も決議要件の加重の場合と同様であり，これもほとんど活用されていないのが現状である。

③ 株主間契約と定款の関係②…株式の譲渡制限の場合

　株主間契約による株式譲渡の制限については，株主と株式会社との間の契約に基づく制限とは異なり[2]，一般的に（通常の契約同様，公序良俗違反などにより無効とされない限り）有効であると考えられる[3]。後述する定款による

　2　株主と株式会社との間の契約に基づき，株式会社（取締役会や代表取締役など）に対して無制限の同意権・拒否権を与えることによって株式譲渡を制限する場合には，合理的な理由に基づいて一定の場合又は一定期間に限定して譲渡を制限するものや，定款の規定に基づいて可能とされる制限と実質的に同等の制限を課すものを除き，無効と考えられる可能性が高い（長島・大野・常松法律事務所『アドバンス会社法』（商事法務，2016年）166頁等参照）。
　3　本書が想定するような合弁会社の運営に関して締結される株主間契約では，一定の交渉力を備える当事者が交渉を行い，株式譲渡制限を付すことが合弁会

譲渡制限の場合と異なり，譲渡制限の態様について会社法に由来する制約は存在せず，例えば単に譲渡を禁止する（他の株主の同意がなければ譲渡できない旨を規定する）ことも可能である。

しかしながら，契約の相対効の観点から，かかる契約に違反して譲渡が行われた場合であっても，かかる違反は（譲受人が当該契約における譲渡制限について善意であるか悪意であるかにかかわらず）株式譲渡の効果には影響を与えず，株式譲渡そのものは有効であり，単に契約当事者間で債務不履行の問題を生ずるにすぎない。会社との関係では，譲受人たる新たな株主が株主名簿の書換を行うことにより株主としての地位を対抗できることになる[4]。

これに対して，定款上の株式譲渡制限については，定款上必要な会社の承認なくして行われた譲渡も当事者間では有効であるものの，会社が承認しない限り株主名簿の書換は行われず，会社との関係では有効となりえないのが原則である[5]。

もっとも，定款上の株式譲渡制限については，単純に譲渡を禁止する（会社の承認がなければ譲渡できないようにする）ことは認められておらず，会社は譲渡を承認しないのであれば代わりの買取人（指定買取人）を指名する[6]か自ら買い取らなければならない（さもなければ譲渡は承認されたもの

　　　社の企業価値の向上に資するとの判断のもと合意されるのが通常であるため，公序良俗違反の問題が生じるリスクも低いと思われる。

　4　会社は，譲受人から株主名簿の名義書換請求を受けた場合，当該請求が会社法の規定に則って行われている限り，これを拒絶することはできない。

　5　ただし，一人会社の株主による譲渡については，たとえ譲渡承認を欠いていても会社との関係でも有効と解される（最判平成5年3月30日民集47巻4号3439頁）。

　6　定款において特定の指定買取人をあらかじめ指名しておくことも可能である（会社法140条5項）。もっとも，株主が自らを指名しておく場合はさておき，第三者による買取りの判断は当該買取時における会社の状況を踏まえて行うのが

とみなされる）ことに注意が必要である（会社法145条１号・２号等）[7]。

　以上のような状況を踏まえて，日本における実務としては，シンプルな定款上の株式譲渡制限を定めた上で，具体的な譲渡の制限についてはより詳細な規定を株主間契約において定め，株主間契約の規定に従って行われる譲渡については会社が承認するように各当事者が行動することに合意することが多い。

　これはすなわち株主間契約によって譲渡制限を規律するということにほかならず，後述するとおり，違反時の救済手段が実務的には論点となりうる。

4 契約違反の効果と救済手段

　株主間契約の違反があり，①多数株主が少数株主の拒否権を無視して会社の意思決定を行った場合や，②多数株主が本来必要だった相手方の同意を得ることなく株式を譲渡してしまった場合には，株主間契約の相手方は，それぞれ，契約違反に対する対抗策としてどのような手段が取りうるであろうか。

　拒否権が無視されて会社の意思決定がなされた場合（①）には，その実行を止めることは容易ではない。例えば契約の締結が論点であれば，例えば，当該契約の相手方に対して内部的な意思決定が不適切であることを伝えて契約締結をやめるよう依頼することも理論的には考えうるが，株主間の対立を外部の第三者につまびらかにする行為であり，現実的ではない場合が多いで

通常であるところ，定款作成の時点で指定買取人となることを引き受けるのはあまりにもリスクが大きいため，そのような第三者を見つけることは事実上困難であると思われる。

7　指定買取人又は会社による買取制度は，少数株主による投下資本回収の機会を保障することを目的とした強行法規であり，定款によって買取制度を排除することはできないと解されている（田中亘＝森濱田松本法律事務所編『会社・株主間契約の理論と実務』（有斐閣，2021年）270頁〔飯田秀総〕）。

あろう。

　また，契約違反に基づく差止めについても，契約違反をしたのは他の株主であって会社ではない以上，そもそも当事者が異なり，結論としては会社の行為を差し止める根拠にはなりえないであろう[8]。

　一方，譲渡制限の合意に関する違反（②）については，違反した当事者による譲渡という行為の差止めが論点となるため，当事者が異なるという問題は生じない。しかしながら，この場合についても，結論としては，この譲渡を差し止めるのは容易ではない。

　定款において株式譲渡制限が定められており，譲渡承認がまだなされていない段階であって，承認のための意思決定をコントロールしうる状況であれば，少なくとも譲渡を承認しないことによって一定の抵抗が可能となる。

　もっともこの場合であっても，一定期間内に別の買取人を指定するか会社をして買い取らせるかのいずれかの対応を取らなければ，譲渡承認がみなされてしまう（会社法145条）のは前述のとおりである。

　譲渡価格が少額であればともかく，ある程度以上の規模の会社のある程度以上の比率の株式であれば，これを買い取ってくれる第三者を速やかに発見することは容易ではないし，自己株式として取得するに足る分配可能額が会社にあるとは限らない。

　また，譲渡価格について関係者間で合意ができない場合には，最終的には裁判所における非訟事件を通じて決定される点（会社法144条2項）も不確

　　8　ただし，当該行為について合弁会社の株主総会による承認が必要な場合，当該株主総会において多数株主が少数株主の拒否権を無視して議案につき賛成議決権を行使することは当事者間の議決権拘束契約違反を構成するため，少数株主はこれを理由として多数株主による議決権行使の差止（仮処分）請求を求めることが考えられる（詳細については，第2編第2章⑤(5)を参照）。

定要素を増やす要因となろう[9]。

　譲渡承認決議がひとたびなされてしまった場合又は承認がみなされてしまった場合には，裁判所に対して，違反当事者が株式譲渡を実行することを禁止する旨の決定を求めて，仮の地位を定める仮処分命令の申立て（民事保全法23条2項）を行うことが考えられる。

　もっとも，かかる申立てが認められるためには，被保全権利として，株主間契約上，株式譲渡の実行禁止を求める権利が認められることの疎明に加えて，譲渡の実行の禁止が，申立人に生じる著しい損害又は急迫の危険を避けるために必要であることを疎明（同法13条2項）しなければならない。

　損害論については後述のとおりであるが，株式が譲渡されることによって他の株主に著しい損害や急迫の危険が生ずる場合は想定しづらく，この疎明はかなり困難であることが想定される[10]。また，仮処分命令の申立てを行ったとしても，裁判所の決定が出される前に，違反当事者が株式譲渡を実行してしまえば，もはや申立ては意味をなさない。

　拒否権の無視（①）についても，譲渡制限の違反（②）についても，差止

───────────

9　ただし，会社法144条2項の価格決定申立権をあらかじめ放棄する旨の契約も有効であるとする見解もある。かかる見解は，その理由としては，会社法144条1項は当事者の協議によって任意に売買価格を決定することを認めているところ，価格の決定について裁判所への申立てを行うか否かについても当事者の私的自治に委ねられていると考えられることを挙げている（田中亘＝森濱田松本法律事務所編『会社・株主間契約の理論と実務』（有斐閣，2021年）276頁〔飯田秀総〕）。

10　もっとも，この点については，あらかじめ株主間契約において保全の必要性についての疎明を不要とする旨の合意をすることも自白契約の一種として有効であり，裁判所もこれに拘束される（具体的には，保全の必要性を否定するような具体的事実関係が別途認定できる場合を除き，保全の必要性があることを前提として被保全権利について判断する）とする見解もある（田中亘＝森濱田松本法律事務所編『会社・株主間契約の理論と実務』（有斐閣，2021年）432〜435頁〔垣内秀介〕）。

め等が難しいとすれば，事後的な損害賠償請求が残された救済手段ということになる。

　しかしながら，いずれの場合についても損害の立証は容易ではない。会社の運営の方向性について意見が対立しているような場面であったとしても，拒否権を無視して強行された施策によって直接株主に算定可能な損害が発生することは多くないと考えられる。

　また，株式譲渡によって招かれざる株主が会社に入ってきたとしても，それが反社会的勢力であって明らかに企業価値が低下するような場面であればともかく，通常の場合はやはり残された株主に明確な損害が発生する例は少ないと考えられるからである（第2編第2章⑤(5)も参照）。

　このように株主間契約の違反については有効な救済手段が見つかりづらいという問題があるため，実務的には，割増価格でのプットオプション（put option：株式売却請求権）や割引価格でのコールオプション（call option：株式買取請求権）を付与する規定を定めるなどして，違反しないインセンティブを定めるとともに，違反されてしまった株主に実効性のある救済手段を与える工夫も見られるところである（第2編第4章②(5)参照）。

一般的な株主間契約・合弁契約の内容

第1章

構成と当事者

　以下では，一般的な株主間契約の構成に沿って重要度の高い論点について概観する。なお，特に断りのない限り本編の記載は，二当事者間における出資比率51：49の合弁事業を開始するための株主間契約（合弁会社を契約当事者に含まないもの[1]）で，かつ，法人形態は株式会社であることを前提としている。

1　国内の案件ではあまり一般的ではないが，合弁会社を株主間契約の当事者に加えるか，という点について検討されることがある。合弁会社が当事者となることにより，契約上合弁会社が主体となって行われることが想定される事項（例えば，合弁当事者に対して行われる合弁会社に関する情報開示など）について，合弁会社に対する直接的な履行請求が可能になるなど，合意事項の実効性確保の観点で少数派合弁当事者にとっては一定のメリットがあるものと思われる。他方で，合弁会社が当事者となることによって，株式譲渡にかかる合意事項等の合弁会社に開示する必要のない事項まで合弁会社に共有されたり，（株主のみを当事者とする場合には通常開示されることのない）合弁会社の職員なども，その職務遂行の過程で株主間契約の内容を知りうることになることから，情報管理等の観点からも留意も必要となる。さらに，株主間契約の合意事項の変更について合弁会社の同意も必要になるなど，株主間契約の運用面でも煩雑になることがある。実際の案件でも，上記のようなメリットやデメリットをよく比較・検討したうえで，合弁会社を当事者に加えるかを決めることになろう。

1　合弁会社の組成

(1)　概　要

　合弁会社の組成方法としては，発起設立等により新たに会社を設立する方法，一方当事者が所有する既存の会社に他方当事者が出資する方法や，会社分割を用いた方法など様々な方法が考えられる。株主間契約においても，合弁会社の組織や組成手続に関する基本的な事項を定めておくことが一般的である。

(2)　会社・組織形態

> 第●条（合弁会社の設立と概要）
> 1．本会社は，発起設立の方法により，両株主が別途合意する日に設立する。
> 2．本会社の概要は以下のとおりとする。
> 　(1)　商号：●株式会社（英文名称：● Co., Ltd.）
> 　(2)　ロゴ：
> 　(3)　本店所在地：
> 3．本会社の設立時の定款は，別紙●に記載のとおりとする。

　実務上用いられる合弁会社の企業形態としては，会社法が定める株式会社と合同会社の他，有限責任事業組合契約に関する法律が定める有限責任事業組合（LLP）や民法上の任意組合などがあるが，国内当事者同士の合弁事業においては株式会社が用いられることが多い。もっとも，外国企業が当事者に含まれている場合は，主に税務上の理由[2]などにより合同会社が採用され

　　2　米国法人の日本子会社として合同会社が用いられた場合，米国法人税の計算上，当該合同会社の損益はそれ単体では課税されず，米国親会社の損益と通算

ることもある[3]。

　株主間契約においては，合弁会社の資本金の額や事業年度など比較的細かな事項については，（設立時）定款案を別紙として添付したうえで，契約本文で当該別紙を参照する形で定めることも多い。他方，既に存在している会社の場合は，合弁事業の開始後における定款案を別紙としたうえで，合弁組成の手続完了後[4]直ちに当該定款につき合弁会社の株主総会における承認その他変更登記等法令上必要となる手続を行う旨の規定を定めることになろう（なお，株主間契約と定款の記載の関係については，第1編第3章[2]及び[3]を参照）。

(3)　出資方法

　合弁事業は，各合弁当事者が合弁会社に対して出資を行い，当該合弁会社の株式を取得することによりスタートする。合弁会社への出資方法は様々であり，大別すると，以下の方法などが考えられる。

　①　各合弁当事者が発起人となる発起設立の方法により合弁会社を設立して，それぞれ出資割合に応じて設立時発行株式を引き受ける方法

される（いわゆるパススルー課税。ただし，合同会社は日本の法人税法に基づき課税される）。より具体的には，米国租税法上，財務省規則301.7791-2(b)の定める要件に従い「法人（corporations）」として分類されていない事業体（ただしその構成員が二者以上のものに限る）は，その課税方法につき法人課税かパススルー課税かを任意に選択することができるが（チェック・ザ・ボックス規制。財務省規則301.7791-3(a)），日本の合同会社はかかる要件のもと「法人」に分類されていない。パススルー課税を選択することにより，例えば，合同会社の立上げ初期時などに生じる欠損を米国親会社の利益に充てることが可能となり，税務上のメリットが生じる場合がありうる。

3　合同会社を採用することによるその他のメリットや注意点については，第3編第1章[5]を参照。

4　例えば，他方合弁当事者が合弁会社の第三者割当増資を引き受ける場合であれば，当該引受けの完了後など。

② 　一方当事者が合弁会社を設立し[5]，他方当事者がその出資割合に応じて，(i)当該一方当事者が保有する設立時発行株式の一部を譲り受ける又は(ii)第三者割当増資を引き受ける方法

③ 　合弁会社を新設分割設立会社又は吸収分割承継会社とする会社分割[6]の対価として株式を取得する方法

　どのような方法が用いられるかはケースバイケースであるが，新規に事業を開始する場合についていえば，②の方が①に比べて手続が簡便であることが多い[7]ため，実務上は②の方法がより一般的である。特に，外国企業が合弁当事者に含まれる場合，当該外国企業が発起人になろうとすると，公証人による原始定款の認証の際に印鑑証明や資格証明に代わる書類を取得して発起人の意思確認や（代理人による嘱託の場合）委任状の真正確認を行う必要があるなど，日本企業のみが発起人となるケースと比較して手続が煩雑となるため，すべての合弁当事者が発起人となる①の方法は避けられることが多い[8]。

5 　一方当事者が合弁会社の受け皿となりうる完全子会社を有している場合であっても，他方合弁当事者が出資を行うには，当該子会社において合弁事業とは関係のない資産・負債や偶発債務の有無を確認するためにデューデリジェンスを行う必要がある。また，たとえデューデリジェンスを行ったとしても偶発債務のリスクは完全に払拭できるものではなく，当事者間の表明保証リスクを残すことになる。したがって，実務上はこのような事態を避けるために新たに会社を設立するケースの方が多い。

6 　会社分割を選択する場合は，さらに新設分割・吸収分割いずれの方法で行うかという問題がある。例えば，合弁事業において許認可等の取得や承継が必要なケースなど，合弁会社が主体となって準備活動を行うことが想定される場合は，会社分割の効力発生日から事業を開始できるよう吸収分割を選択することが考えられる。

7 　例えば，合弁当事者が大規模な会社の場合などは，自らが発起人となって新会社を設立するには，社内規則上，取締役会決議など様々な社内手続が必要となり，さらにこれを双方で行うともなると，非常に煩雑なプロセスになってしまうことがある。

8 　長島・大野・常松法律事務所『アドバンス会社法』（商事法務，2016年）62頁。

　一方，既存の事業を切り出して合弁会社化する場合や，合弁当事者が合弁会社に拠出する資産等がある場合は，③の方法が用いられることが多い[9]。

(4)　組成費用

　合弁会社の組成に関して必要な費用は，各合弁当事者がその出資割合に応じて負担するのが通常である。また，その負担方法については，合弁会社が当該費用を負担することにより株主である各合弁当事者が間接的に負担する方法，合弁会社を通さずに費用負担した合弁当事者が他方合弁当事者に直接償還請求する方法などが考えられる。

　もっとも，どのような支出が「必要な費用」にあたるのかは必ずしも明確ではないため，後の紛争を防ぐため株主間契約においても組成費用に関する処理規定が置かれることもある。例えば，新たに合弁会社を設立する場合であれば，法律上当然に要する費用[10]のみを会社に負担させる形で間接的に応分負担し，それ以外の費用（例えば，弁護士費用などが考えられる）については各自の負担とすることが考えられる。

9　第三者割当株式引受けの対価として当該資産等を現物出資（会社法199条1項3号）する方法も考えられるが，その場合は原則として裁判所に対して検査役選任の申立てをしなければならず（同法207条1項），手続が煩雑となるため実務上はあまり用いられない。ただし，現物出資の対象となる財産の総額が500万円以下の場合や，現物出資を行う引受人に割り当てる株式の総数が発行済株式総数の10分の1を超えない場合など，法律に定められた一定の例外要件（同条9項）を満たせば検査役選任が不要となるため，出資する財産が少額であると認められるケースなどでは，かかる例外要件の充足を検討する余地がある。なお，現物出資による資産等の譲渡は契約に基づく譲渡と構成されるため，当該資産等が会社法上の「事業」を構成する場合には事業譲渡に該当し，事業譲渡を行うために必要な手続を経る必要がある（会社法467条1項等参照）。

10　定款の認証にかかる費用及び会社法28条4号括弧書並びに会社法施行規則5条各号に列挙されている，定款添付の収入印紙費用や設立登記にかかる登録免許税など。

2 出資比率に関する規定

　出資比率とは，合弁会社における各株主の出資額の割合をいう。議決権制限が付いていない普通株式のみを発行する会社においては，出資比率＝議決権比率となる。

　議決権比率に応じて会社法上の株主としての権利の内容や当該持分に関する会計上の位置づけが決まり，また，株主間契約の枠組も当該議決権比率を前提として設計されるため，当事者間の出資比率をどのように設定するかは，合弁事業において最も重要な問題の一つである。

　本編では出資比率が51：49の合弁事業の場面を想定しているが，合弁事業一般の観点からは，株主の議決権割合が20％以上，3分の1超，50％，50％超，3分の2以上となる場面が重要な区切りとなるため，以下場合分けして簡単に説明する。

　なお，以下の結論は株主の所属する企業グループが採用する会計基準によって異なりうるが，日本の会社にとって最もなじみのある日本会計基準に基づく場合で，かつ，定款で株主総会の決議要件を加重等していないことを前提としている。

(1)　20％以上

①　会社法上の株主としての権利

　会社法上，20％の議決権比率を基準として株主に与えられる権利は特にない。もっとも，株主が多数存在し，20％の議決権を有することにより筆頭株主となるような場合は，事実上他の株主をリードして事業運営に携わることになることになる。

②　会計上の位置づけ

　株主の連結決算上，20％以上の議決権比率を有する合弁会社は原則として関連会社[11]として扱われ，当該合弁会社の損益は当該株主の連結決算上加算される。より具体的には，連結子会社のように資産や負債，費用・収益の各科目の明細すべてを合算する（「完全連結」と呼ばれる）のではなく，合弁会社の純資産及び損益のうち，株主の持分比率に相当する部分の変動に応じて，当該株主の投資金額（例えば，「関連会社株式」として貸借対照表に記載されている）を事業年度ごとに補正する「持分法」という会計処理方法が用いられ[12]，持分法が適用された関連会社は「持分法適用会社」と呼ばれる[13]。

　これに加え，20％以上の議決権を保有する合弁会社は，外部からも当該株主の「グループ企業」として認識されることになるため，20％以上の出資を行う株主は取締役の指名権など一定の経営参画を要求することも少なくない[14]。

(2)　3分の1超

①　会社法上の株主としての権利

　会社法上，定款変更，組織再編や解散などといった会社にとって重要性が

11　企業会計基準委員会「持分法に関する会計基準」（企業会計基準第16号，平成20年12月26日改正（以下「持分法会計基準」という）5項，5-2項(1)。
12　例えば，合弁会社の当期純利益が1億円であった場合を想定すると，持分割合20％の合弁当事者に帰属する部分は2,000万円であるため，当該合弁当事者の連結貸借対照表における「関連会社株式」の金額を2,000万円増加させるとともに，連結損益計算書に2,000万円の「持分法による投資利益」を計上する。
13　ただし，持分法の適用により，連結財務諸表に重要な影響を与えない場合には，持分法適用会社としないことも認められている（持分法会計基準6項）。
14　なお，①議決権比率が15％以上，20％未満である場合で，かつ，②合弁当事者が合弁会社の財務及び営業又は事業の方針の決定に対して重要な影響を与えている場合（例えば，合弁会社に対する役員派遣等）には，合弁会社は当該合弁当事者の関連会社として扱われ（持分法会計基準5-2項(2)），持分法適用の対象となるため，保有議決権比率が20％に満たない場合であっても関連会社への該当性を確認する必要がある。

特に高い事項については，株主総会における特別決議が要求される（会社法309条2項各号）。特別決議の決議要件は，株主総会に出席した株主の議決権の3分の2以上による賛成であるため，3分の1超を保有する株主は，特別決議事項について拒否権を有することになる。

② 会計上の位置づけ

議決権比率が20％以上50％以下である場合，原則として完全連結は行わず持分法によって処理される[15]。したがって，20％を保有する場合と会計上の位置づけは変わらず，持分割合の増加に応じて加算される持分法投資損益が増えるだけである[16]。

(3) 50％

① 会社法上の株主としての権利

会社法上，株主総会の普通決議事項（決議要件は出席株主の議決権の過半数による賛成）について拒否権を有することになるが，単独で決定権を有するわけではない。

50％を保有する株主が2名存在する場合には，すべての株主総会決議事項につき両者が同意しなければ決議できないということになる。

15　もっとも，議決権比率が40％以上の場合には，役員派遣等を通じて実質的に支配しているとして連結される可能性があるため，保有議決権比率が50％以下の場合であっても子会社への該当性を確認する必要がある。企業会計基準委員会「連結財務諸表に関する会計基準」（企業会計基準第22号，平成25年9月13日改正）7項(2)等参照。

16　なお，税務上は，合弁会社の発行済株式総数の3分の1超を（当該合弁会社の配当計算期間を通じて）保有している場合，当該保有株式は「関連法人株式等」に該当し，それに係る受取配当は原則としてその全額が合弁当事者において益金不算入となるため（法人税法23条1項1号・同項6号参照），税務面でのメリットがある。

②　会計上の位置づけ

会計上の位置づけは(2)の場合と同様である。

(4)　50％超

①　会社法上の株主としての権利

会社の総議決権の過半数を保有することになるため，株主総会の普通決議事項（決議要件は出席株主の議決権の過半数による賛成）について単独で決定権を有する。そのため，会社法上の権利という観点では，普通決議事項について株主提案（会社法304条）により自ら議案を提案すれば，確実にこれを可決することが可能となる。

また，普通決議事項には役員の選任も含まれているため，事実上合弁会社の役員人事権を掌握することになる（ただし，後述のとおり当該人事権には株主間契約又は定款で一定の修正を加えることが通常である）。

株主間契約においても，50％超を保有する株主は，取締役会メンバーの過半数や代表取締役について指名権を有するケースが多いため，合弁会社の運営において多大な影響力を持つことになる。

②　会計上の位置づけ

原則として，連結子会社として完全連結したうえで，他の少数株主の持分が少数持分損益として除外される[17]。

17　例外として，財務上又は営業上若しくは事業上の関係からみて他の会社等の意思決定機関を支配していないことが明らかであると認められる場合には子会社に該当せず連結されない（前注15同会計基準7項但書等参照）ほか，重要性基準によって連結対象から外すことができる場合もある（前注15同会計基準14項注3等参照）。

⑸　3分の2以上

①　会社法上の株主としての権利

　上記⑵とは逆に，株主総会の特別決議事項をすべて単独で可決可能となる。したがって，非公開会社において株主ごとに異なる権利内容を設ける場合（会社法109条2項）の定款変更についての特殊決議（総株主の半数（頭数）以上，かつ，当該株主の議決権の4分の3以上の賛成が必要となる。会社法309条4項）など特別な事項を除いては，法律上は自社の経営方針に沿って合弁会社を運営することが可能となる。

②　会計上の位置づけ

　50％超の場合と特に差異はない。

③　資本多数決の原則の修正

　上記のとおり，合弁会社において50％超の議決権を有する株主は，株主総会及び（役員人事権を通じて）取締役会をコントロールすることにより，特別決議事項など一部の事項を除き，合弁会社の事業運営の多くの局面において単独の決定権を持つことになる。

　したがって，多数派の株主は，会社法における資本多数決の原則に従う限り，合弁会社に対する自らのコントロールが約束されている。

　しかしながら，かかる会社法上の資本多数決の原則を貫くと，多数株主と少数株主の間で合弁会社の事業運営に関する意見や方針が異なった際には，すべからく多数株主の意向が優先されることになる。少数株主にとっては，共同事業を前提としているにもかかわらず事業運営に対する自らのコントロールが一切保証されていないことは極めて大きなリスクであり，合弁事業

に対して出資を行うインセンティブを著しく損ねることになってしまう。

　また，少数株主が合弁事業にとって重要な資産やノウハウを有していることもあるため，少数株主の出資インセンティブを確保することは多数株主にとってもメリットがある。

　したがって，株主間契約においては，本来であれば多数株主が単独で可決することができる一部の事項について少数株主の拒否権を定めるなどして，少数株主に会社法上の資本多数決の原則に則った場合に認められる権利よりも強い権利を付与し，会社法上の資本多数決の原則に一定の修正を加えることが通常である[18]。

　もっとも，どの程度の修正を加えるかは株主間の力関係，合弁事業における各株主の役割，合弁事業の運営に関するビジョンや事業の性質などによりケースバイケースであるため，この点は株主間契約の交渉においてしばしば最も重要な論点の一つとなる[19]（拒否権条項の詳細については，本編第2章⑤を参照）。

④ 出資比率の維持

第●条（出資比率）
1．各株主の本会社に対する出資比率は，株主X51％，株主Y49％とする。

18　さらに強固なプロテクションとして，定款において拒否権付種類株式（会社法108条1項8号），役員選任権付種類株式（同項9号）や株主総会や取締役会の定足数・決議要件の加重（同法309条1項・369条1項）などを定めることも考えられる。
19　利益対立の構造としては，「可能な限り会社法上の資本多数決原則を維持したい多数派合弁当事者」と「共同事業運営という前提のもと，可能な限り当該原則に修正を加えたい少数派合弁当事者」という図式になることが多い。

2．本契約の定めに基づく場合を除き，各株主は，本契約の有効期間中，前項の出資比率を維持する。

3．本会社が新株又は潜在株式の発行を行う場合，株主X及び株主Yは，各自の当該株式等の発行の直前の議決権保有割合を維持するために必要な数量の株式等を，当該発行に係る株式等の払込金額と同一の価格において引き受ける権利を有する。

　上記のとおり，株主間の出資比率は合弁会社の運営に大きな影響を与えうる共同事業運営の前提事項であるため，株主間契約の締結時において既に一方当事者による段階的な追加出資を予定しているケースなどを除けば，当初の出資比率は基本的に合弁事業の継続中も維持されることが想定されている場合が多い。

　したがって，株主間契約においてもその旨の確認規定を置くことが考えられる（サンプル条項第2項）。併せて，合弁会社が事業遂行の過程で増資や潜在株式の発行など，株主の当初の出資比率が変動しうる行為を行う際には，株主は当該増資等直前の保有割合に応じて，当該増資等により発行される合弁会社の株式又は潜在株式を引き受ける権利を有する旨のいわゆる希釈化防止条項を定めることが考えられる（サンプル条項第3項）[20]。かかる希釈化防止条項は，合弁会社に追加資金調達の必要性が生じて増資を行う場合に，少数株主がその持分割合を維持できるように保護する趣旨で規定される[21]。

20　ただし，合弁会社が株主間契約の当事者に含まれない場合，当事者は当該条項に基づき直接合弁会社に対して新株又は潜在株式の発行を求めることまではできず，あくまでも各当事者が自ら又はその派遣取締役を通じて合弁会社が当該発行を行うために必要な調整（例えば取締役会決議や株主総会での賛成議決権行使など）をする義務を負っているにすぎないものと考えられる。

21　なお，希釈化防止条項は，多数派合弁当事者が少数派合弁当事者の意向を無視して一方的に（資金調達目的以外の）第三者割当等を行ったようなケースにおいても少数派合弁当事者を保護する手当てとなりうるが，そもそも新株等の

5 ｜ 出資比率に変動が生じた場合の対応

第●条（出資比率の変更）─例①

　　両株主は，第●章【注：ガバナンスに関する章】の定めが，株主X
及び株主Yの出資比率が51：49であることを前提としていることを確
認し，本契約の定め又は両株主間の合意により，出資比率が51：49で
なくなった場合には，当該出資比率に応じたガバナンス体制（取締役
会の構成を含むがそれに限られない。）となるよう，本契約を変更す
る。

第●条（出資比率の変更）─例②

　　前項の定めにかかわらず，一方の株主の出資比率が20％未満となっ
た場合，当該株主は取締役の指名権を失う。この場合当該株主は，自
らが指名した取締役をして直ちに本会社の取締役を辞任させる。

　他方，合弁会社において追加の資金調達のため増資が必要となり，両当事
者合意のうえで一方当事者のみが増資を引き受ける，又は，両当事者が増資
を引き受ける前提で一方当事者のみが追加出資義務に違反した場合など，合

発行は株主間契約において両当事者の事前承諾事項とされることが多く，その
場合はどのような内容で新株等の発行を行うかを含めて各当事者が事実上の拒
否権を有することになる。また，会社法上，非公開会社では株式の発行等に株
主総会の特別決議（決議要件は出席株主の議決権の3分の2以上の賛成）が必
要であるため（会社法199条2項・309条2項5号），本書が想定するような51：
49の合弁会社においては，多数株主はそもそも第三者割当等を強制することが
できない。したがって，これらのケースでは専ら上記のような場面（多数派合
弁当事者の強行により生じる希釈化）を想定して別途希釈化防止の条項を設け
る必要性はあまりない。一方の株主の出資比率が3分の1以下の少数株主とな
る場合の希釈化防止規定については，第3編第1章[2](8)参照。

弁事業を進めるうえで当初の出資比率に変動が生じることもありうる。

　そのような場合に備えて，選任権を有する役員の数や代表取締役の指名権など，当初の出資比率を前提として設計された規定は変動後の出資比率に応じて変更される旨の規定を定めることがある（サンプル条項―例①）。

　ただし，このような規定を置いたところで，当事者間で具体的な変更合意が別途なされない限り，ガバナンス体制等が自動的に変更されるわけではないため，留意が必要である。

　また，出資比率が一定割合（例えば，20％）を下回った場合は，株主間契約において当該株主に与えられた役員の選任権や拒否権を自動的に失わせるといったアレンジも考えられる（サンプル条項―例②。この場合，当該株主には指名した役員をして合弁会社の役員を辞任させる義務を負わせる）。

第2章

ガバナンスに関する条項

1 株主総会

(1) 概　要

> 第●条（株主総会の運営）
> 　本会社の株主総会は，本契約に別段の定めがない限り適用法令及び定款に従って，招集，開催及び運営される。

　会社法上，株主総会は株式会社の最高意思決定機関として位置づけられている。

　もっとも，合弁会社の運営実務上，株主総会の承認が必要な事項を含め，実質的な議論や意思決定は各株主が指名した取締役で構成される取締役会（又は本編第2章④で述べる株主間協議会）のレベルに集約されることも多く，株主総会は取締役会において既に決定された事項を形式的に承認するだけの機関として位置づけられることも多い。

　そのため，日本企業同士が国内に合弁会社を設立する場合など，両当事者

が合弁会社に適用される法令についてなじみがある場合，株主総会に関する規定は，「適用法令及び定款に従って運営される」といった旨のごくシンプルな規定が置かれることも多い（サンプル条項参照）。

　他方，一方当事者が外国企業の場合や，日本企業同士でも海外で合弁会社を設立する場合などは，適用法令について必ずしもなじみがあるわけではないため，当事者間の認識の齟齬を防ぐため，章の冒頭において当該法令上における株主総会の決議事項，招集方法，定足数や決議要件などを明記する一般規定を定めておくこともある。

⑵　議決権行使に関する取決め

　合弁会社における実質的な意思決定を取締役会（又は株主間協議会）において行う場合，株主は，株主総会において当該意思決定機関でなされた決定に従って議決権を行使する（又は，必要な意思決定がなされていない事項については，反対議決権を行使する）ことが期待されている。

　もっとも，取締役会と株主総会は会社法上あくまで別個の機関であるため，（特に少数株主にとっては）両機関において統一的な決議がなされる保証はない。

　また，株主総会において取締役会等の意思決定と矛盾する決議なされると合弁事業の運営に混乱をきたすおそれがある。したがって，このような事態を避けるべく，株主間契約においては，取締役会等において決定された議案について，両当事者は当該議案が承認されるよう株主総会において議決権を行使する旨の義務規定を設けることもある[1,2]。

　　1　また，両当事者の事前承諾事項のうち株主総会の承認を要する事項については，事前承諾が得られていない限りかかる議案が否決されるよう議決権を行使する旨を明記することもある。

　　2　もっとも，このような規定を設けることにより，取締役がその派遣元合弁当事者の意向に反して議決権を行使し，その結果取締役会決議がなされてしまった場合であっても，かかる合弁当事者は当該決議に従って株主総会における議決権を行使しなければいけなくなるというリスクが生じることに留意する必

　また，各当事者の指名権に基づく役員選任や，株主間契約に規定する合弁会社の解散事由発生時の解散決議など，各当事者が株主間契約における議決権行使の取決めどおりに議決権を行使するよう義務づける条項を置くことがある（役員選任の場合につき，②(4)のサンプル条項参照）。このような議決権行使に関する取決めは議決権拘束合意と呼ばれており，元来株主として自由に議決権行使ができる以上，かかる合意も原則として有効であると考えられている[3]。このような合意がなされた場合，理論的には，当事者は議決権拘束合意の内容に従い自らの議決権を行使する作為義務を負うものと考えられ，いずれかの当事者が議決権拘束合意に反して議決権行使を拒否した場合，他方当事者は，訴訟又は仮処分命令の申立てで，議決権行使としての意思表示の擬制（民法414条1項，民事執行法177条1項）を求めることになろう[4]。

　　要がある。

3　田中亘『会社法（第3版）』（東京大学出版会，2021年）187頁。ただし，取締役兼株主の2名が18年間にもわたり同額の取締役報酬を受領し続けるよう株主総会で議決権を行使する旨の規定の有効性が問題となった東京高判平成12年5月30日判時1750号169頁は，一般論として議決権拘束合意の有効性を認めつつも，かかる合意は「議決権の行使に過度の制限を加えるもの」であるとして，当該合意の有効期間を「相当な期間」（かかる事案では10年）に制限している。他方，より最近の裁判例である東京高判令和2年1月22日金判1592号8頁は，株主間の議決権拘束契約の効力について，「個別の株主間契約ごとに，会社法その他の関係法令の趣旨を考慮に入れて…契約当事者たる株主の合理的意思を探求し，当事者双方が法的効力を発生させる意思を有していたか，法的効力を伴わない紳士協定的なものとする意思を有していたにすぎないか，法的効力を発生させる意思を有していた場合における効力の内容・程度（損害賠償請求ができるにとどまるか，契約に沿った議決権行使の強制履行ができるか，契約に沿わない議決権行使により成立した株主総会議の決議取消事由を肯定するか，契約の終期など）について，契約当事者の意思を事実認定したうえで，当事者の主張する法的効果が肯定できるかどうかを判断していく」べきであり，「株主間契約に具体的な定めがないにもかかわらず，有効期間を限定するために，一律に契約の有効期間の定めがあるなどと判断する（米国の州法にならって契約締結後10年間に限り有効であると解釈する等）ことは，必要がない」との一般論を述べている。このように，実務上は議決権拘束合意の有効性についての解釈が固まっていないところがあるため，契約文言，拘束の期間や態様次第では合意の有効性に一定の制限を受ける可能性がありうる点には留意が必要である。

4　株主による議決権行使を法律行為の要素としての「意思表示」（民法93条以

⑶　定足数・決議要件の加重

　合弁会社における会社法上の資本多数決の原則の修正の方法としては，定款又は株主間契約において株主総会の定足数・決議要件を加重することが考えられる。

　もっとも，出資割合が51：49のケースで定足数・決議要件そのものを加重してしまうと，事実上すべての株主総会決議事項につき少数株主が拒否権を有することになってしまう。

　したがって，資本多数決の原則の修正のため株主総会の定足数・決議要件を直接加重することは希であり，実務上は，定足数・決議要件については会社法のデフォルト・ルールを維持したうえで，株主間契約において少数株主が拒否権を有する個別の事項を列挙する拒否権条項の定めを置く方法がより一般的であると思われる。

　また，当該拒否権による資本多数決修正の結果について，種類株式の発行や定款の定めを置くことにより会社法レベルで効力のある対応をするか，株主間契約レベルでの対応にとどめるかという点も問題となりうる。少数株主にとっては会社法レベルで拒否権が担保されていた方がより強固なプロテクションとなりうるが，実務上は契約レベルでの対応にとどめることが多い

下）と同等に考えることができるかについては議論の余地があるものの，少なくとも民事執行法上は，同法177条で擬制される「意思表示」の対象は民法上の意思表示に限られないと解されているため（中野貞一郎＝下村正明『民事執行法』（青林書院，2016年）826頁），議決権拘束合意のエンフォースメント手段として同条を用いることも差し支えないと思われる（同じくこれを肯定するものとして，江頭憲治郎『株式会社法（第8版）』（有斐閣，2021年）352頁，田中亘『会社法（第3版）』（東京大学出版会，2021年）188頁）。ただし，意思表示を命じる仮処分の執行方法としては，意思表示の擬制までは認められず，間接強制（民事執行法172条1項）のみが認められるという見解も有力である（中野貞一郎「意思表示仮処分の反省」同『民事訴訟法の論点Ⅱ』（判例タイムズ社，2001年）306～308頁）。

（詳細については第1編第3章2参照）。

(4)　その他の手続的事項に関する定め

　合弁会社に適用される法令に定められていない運営方法を採用する場合は，株主間契約においてこれを定めておくことが必要である。例えば，会社法上，株主総会の招集通知，事業報告及び議事録などは日本語で作成しなければならず，かつそれで足りる[5]が，株主に外国籍の企業が含まれており，当該当事者が内容の正確な理解のために英語等での作成も要求する場合は，合弁会社をして両方の言語で通知や報告等を作成させる旨を定めておくことがある（その場合には，翻訳に齟齬が生じた場合に備え，日本語が正文で他方言語が訳文である旨も併せて定めておくことが望ましい）。

　また，書面決議（会社法319条）ではなく，実際に株主総会を開催することを想定している場合は，招集通知や添付資料の送付時期，誰が議長を務めるか（例えば，多くの会社で見られるように代表取締役社長が当然に議長を務めるのではなく，各株主が毎年交互に議長を指名する，など），といった運営の手続的事項についても各当事者のニーズに応じてアレンジを加えることがある。

2　役　員

(1)　取締役の指名権

> 第●条（取締役）
> 　本会社の取締役の人数は5名とし，株主Xが3名，株主Yが2名指名する権利を有する。

5　稲葉威雄ほか編『新訂版　実務相談株式会社法(2)』（商事法務研究会，1992年）1072頁。

　株主間契約上，各株主はその出資比率に応じた人数の合弁会社の役員を指名する権利を与えられる例が多い[6]。

　会社法における取締役会の決議要件は，出席取締役の過半数による賛成（会社法369条1項）であるため，特に定款による決議要件の加重等がなされない限り，仮に少数株主が指名した取締役の全員が特定の議案に反対していたとしても，多数株主が指名した取締役による賛成のみで可決されてしまうことになる（監査役会についても同様である（同法393条1項））。

　もっとも，だからといって少数株主にとって合弁会社に役員を派遣することに意味がないわけではない。具体的には，少数株主にとって役員を派遣することは，

　(a)　指名役員が取締役会や監査役会において意見を述べたり，合弁会社の業務執行を担当することを通じて，合弁会社の経営に直接的に関与することが可能となる，

　(b)　株主間契約による資本多数決の原則の修正の一環として，拒否権対象事項につき取締役会の決議要件を加重したり，少数株主の指名役員の同意を必要とすることにより，合弁会社の事業運営に対するコントロールを強化する，

　(c)　多数株主の派遣役員が特別利害関係取締役（会社法369条2項）[7]に該

6　例えば，合弁会社の取締役総数が5名の場合，X（51％）が3名，Y（49％）が2名の指名権を与えられる。

7　「特別の利害関係」とは，「特定の取締役が，当該決議について，会社に対する忠実義務を誠実に履行することが定型的に困難と認められる個人的利害関係ないしは会社外の利害関係」を意味すると解されている（落合誠一編『会社法コンメンタール8—機関(2)』（商事法務，2009年）292〜293頁〔森本滋〕。もっとも，その該当性については個別事案における解釈に委ねられているため，利益相反取引該当性の認定と同様，実務上は特別利害関係の範囲を広く捉え保守的に運用されているケース（例えば，一方株主に特に有利であると思われる議案の決議に際して，当該株主の従業員が派遣取締役を兼任しているような場合には，派遣元株主からの影響が大きいと考えられるため，審議・決議から排除するなど）も多い（M&Aの当事会社の兼任取締役は特別利害関係人に該当するという見解もある（飯田秀総「取締役会における特別利害関係人の議決権排除

当して取締役会の議決に参加できない場合に，少数株主の派遣役員がいれば
決議が可能となる，
といった利点がある。

　したがって，たとえ究極的には多数株主による単独の意思決定を防ぐこと
はできなくても，少数株主にとって役員を派遣するメリットはある。

　また，実務上はあまり用いられていない[8]が，取締役の選任に係る種類株
式（会社法108条1項9号）を発行する方法もある。この場合，合弁会社の
定款に当該種類株主により構成される種類株主総会で選任する取締役の人数
をあらかじめ定めておくことにより（会社法108条2項9号イ），当該取締役
は（株主総会ではなく）種類株主総会で選任され，また，その解任について
も，定款に別段の定めがない限り，当該種類株主総会の決議で決定されるこ
とになる（会社法347条）。

(2)　代表取締役等の指名権

第●条（代表取締役）
　　本会社の代表取締役は1名とし，株主Xがこれを指名する権利を有
する。

　会社法上，代表取締役は株式会社の業務を執行するとともに（会社法363

　　規制の見直しの視点」NBL1154号18頁））。ただし，会社法上の特別利害関係人
　　に該当しないにもかかわらず，自主的に審議・決議から除外した場合，当該除
　　外された取締役は取締役会の定足数（原則として議決に加わることができる取
　　締役の過半数。会社法369条1項）の計算において分母にカウントされ，結果と
　　して定足数を充足しないことがありうるため，当該取締役を除外した取締役会
　　決議を行った上で，念のため当該取締役も参加した上で取締役会決議を行う等
　　といった実務上の対応も考えられる。
8　特に法律上大きな障害があるわけではないが，種類株式を発行することによ
　　る手続や定款の複雑化，種類株主総会の開催等に伴う事務負担の増大といった
　　運営面での理由が大きいように思われる。

条1項1号），会社業務に関する一切の裁判上又は裁判外の行為において会社を代表する権限を有する（同法349条1項・4項）。

　また，会社の日常的な業務に関する決定などは，取締役会からの明示的な委任がなくとも，黙示的な委任を受けていると一般的に解されている[9]など，合弁会社の業務遂行において重要な役割を担うポジションである。これらに加え，代表取締役は対外的にも合弁事業のシンボル的な存在となることもあるため，いずれの当事者が代表取締役の指名権を有するかは合弁事業における重要事項である。

　会社法上，代表取締役は取締役会の決議により選定される（会社法362条2項）[10]が，実務上はあらかじめ株主間契約において代表取締役の指名権について定めておくのが一般的である。出資比率51：49のケースでは，合弁会社の代表取締役を1名としたうえで多数株主が指名権を有するケースが比較的多いが，代表取締役について一定の任期（例えば2年間）を定めて各当事者が交互に指名するパターンや，代表取締役を2名置いてそれぞれ1名ずつ指名権を有するパターンなども考えられる。

　また，その他役付取締役として会長，社長，副社長又はCEOやCFOといったポジションを置くことがあるが，その場合も，代表取締役と同様にいずれの当事者が指名権を有するのかを定めておく必要がある。

　なお，代表取締役とは異なり，これらのポジションは会社法上のものではないため，それぞれがいかなる職務分担・権限を有するのかは当事者間の合意次第となる。

　したがって，株主間契約において各ポジションの概要を明記した規定を置く，又は，合弁会社の社内規程である職務権限規程案等を別紙として添付す

9　田中亘『会社法（第3版）』（東京大学出版会，2021年）241〜242頁。

10　ただし，非公開会社である取締役会設置会社においては，定款の定めを置くことにより株主総会において代表取締役の選定をすることも許されている（最決平成29年2月21日民集71巻2号195頁）。

る，といった方法によりあらかじめ合意しておくことが考えられる。

(3)　監査役の指名

> 第●条（監査役）
> 　本会社の監査役の人数は3名とし，株主Xが2名，株主Yが1名指名する権利を有する。

　取締役会を設置した場合，原則として監査役を置く必要がある（会社法327条2項）。監査役は，取締役会に出席するものの議決権を有しないため，合弁会社の事業運営に対するインパクトは取締役に比べて限定的である。したがって，監査役の指名は，どちらかといえば各当事者による合弁会社のモニタリングの意味合いが強く，その指名権についても実質的な交渉ポイントになることはあまり多くない。

　合弁会社を監査役会設置会社（会社法2条10号）とする場合，監査役会の決議は取締役会同様に多数決で行われるため（同法393条1項），監査役の定員も法令の定める必要最低人数である3名（同法335条3項）とし，各株主はその出資比率に応じた指名権を有するケースが多い[11]。
　もっとも，監査役はその職務権限[12]を単独で行使することができ（独任制），

11　もっとも，会社法上設置が必須となる場合（合弁会社が大会社に該当する場合など）を除き，合弁会社のケースで監査役会まで設置するケースは希である。さらに，監査役会設置会社の場合には，監査役は3人以上で，かつ監査役会の半数以上は社外監査役である必要があるところ（会社法335条3項），平成27年に施行された会社法改正により，当該監査役が親会社の取締役又は従業員を兼務する場合は社外性要件を満たさないこととなったため（同法2条16号ハ），多数派合弁当事者が半数以上の監査役を派遣することは事実上難しくなったといえよう。

12　例えば，会社の業務・財産の調査（会社法381条2項），取締役の責任追及の訴え提起（同法386条），違法行為の差止請求（同法385条）など。

監査役会決議によって各監査役の権限行使を妨げることはできない（会社法
390条2項但書）こともあり，監査役会決議事項について当事者間で具体的
に交渉される例は少ない[13]。

　他方，監査役会を置かない場合は，定員を1名として多数株主のみが指名
権を有する，定員を2名としてそれぞれが各1名の指名権を有するなど，
様々な建付けが考えられる。

(4)　指名の手続

> 第●条（指名手続）
> 　　各株主は，指名された候補者が本会社の取締役又は監査役に選任さ
> れるよう，(i)自らが指名した取締役をして，本会社の役員の選任及び
> 解任に関する株主総会の招集に係る取締役会決議において議決権を行
> 使させ，かつ，自ら当該株主総会で賛成の議決権を行使し，又は(ii)指
> 名された代表取締役候補者が本会社の取締役会において代表取締役社
> 長に選定されるよう，自らが指名した取締役をして必要な行為を行わ
> せる。

　実際の役員指名手続は，①各株主による役員候補者の指名，②合弁会社の
取締役会による株主総会への取締役選任議案の提出，③合弁会社の株主総会
における当該議案の承認，という流れが一般的である。

　自らの議決権だけでは役員を選任することができない少数株主としては，
株主間契約上，②及び③において自らの指名候補者が確実に選任されるよう

13　監査役会の決議事項としては会計監査人の選解任に関する議案内容の決定（会
　　社法344条1項・3項）等があるが，会計監査人の決定等については別途株主間
　　契約において定められている場合が多く，監査役会決議事項として議論となる
　　ことは少ない。

な仕組みを用意しておくことを希望する例が多い。具体的には，双方の当事者が指名した候補者が合弁会社の役員として選任されるよう，各株主に株主総会での賛成議決権の行使を含めた必要な手続を取ることを義務づけることが考えられる（サンプル条項参照）。

　もっとも，仮に役員の指名権（①）のみが契約上規定されている場合であっても，指名された役員が現に選任されるために必要な手続を取る義務は各当事者に課されていると解される（かかる手続に協力しない場合には義務違反となる）場合が多いであろう。

(5)　解　任

第●条（役員の解任）

1．各株主は，自らが指名した取締役，代表取締役又は監査役についてのみ解任又は解職を請求することができる。この場合，各株主は，(ⅰ)解任を請求された取締役又は監査役が解任されるよう，自らが指名した取締役をして，本会社の取締役又は監査役の解任に関する株主総会の招集に係る取締役会決議において議決権を行使させ，かつ，自ら当該株主総会で議決権を行使し，又は(ⅱ)解職を請求された代表取締役が解職されるよう，取締役会において自らが指名した取締役をして必要な行為を行わせる。

2．前項に基づく解任に起因して本会社が当該退任役員に対して損害賠償責任を負う場合には，当該解任役員を指名した株主が，これにより本会社が被った損害等を補償する。

　株主は，自らが指名した役員が当該株主の意向に従い合弁会社の業務を執行することを期待するのが通常である。

　しかしながら，会社法上の建付けとしては，指名された者は合弁会社の役

員に就任した以上，合弁会社に対して善管注意義務を負い（会社法330条，民法644条），合弁会社の利益を実現するためその業務を執行しなければならないことになる。その結果，株主と派遣役員の間に意見の相違が生じ，株主の当該役員に対するコントロールが効かなくなることもありうる（株主の意向と合弁会社の利益は必ずしも常に一致するとは限らないことについては，本編第2章②(8)を参照）ほか，派遣されている役員が派遣元である株主から退職した場合や健康上の問題が生じた場合等，株主が派遣役員に対するコントロールを失いうる場面はいくつか想定しうるところである。

　合弁会社における役員の総数次第ではあるものの，出資割合が51：49の場合は各当事者が指名権を有する役員数にわずかな差（例えば1名など）しか設けないことも多いため，（特に多数株主が）1人の役員に対してコントロールを失うと，取締役会・監査役会におけるパワーバランスが逆転して当事者の出資比率に合致しない運営がなされてしまうリスクがある。

　したがって，株主間契約においては，このような事態に備えて指名した役員を任期途中で解任できる仕組みを作っておくことが重要である。

　この際，少数派株主の指名した役員が多数派株主によって一方的に解任されることを避けるため，役員の解任については指名した当事者のみがその決定を行うことができることを明記しておくことが多い（サンプル条項第1項参照）[14]。

　なお，会社法上，役員はいつでも理由を問わず解任することができるが（会社法339条1項），当該解任に「正当な理由」がない場合，解任された役員は会社に対して解任により生じた損害[15]の賠償を求めることができる（同

14　ただし，派遣取締役により法令違反に該当する行為がなされた場合にまでかかるルールを貫くことは妥当でないとの観点から，そのような場合には派遣元株主以外の株主も解任しうる旨を定めることも考えられる。

15　かかる損害の範囲には，解任されなければ得られた残存任期中の報酬相当額や任期満了時の退職金相当額などが含まれる。

条2項）。

　もっとも，過去に裁判例等で認められた「正当な理由」は，取締役の職務遂行上の法令・定款違反行為[16]や心身の故障[17]など，比較的限定されており，派遣元株主と派遣役員との間の合弁会社の運営方針をめぐる意見の対立など，合弁事業において生じがちな解任理由はこれに該当しない可能性が高い[18]。

　このような解任は専ら派遣元株主と指名役員の間の問題であるため，株主が株主間契約に基づき指名役員の解任を求め，当該解任に起因して合弁会社がかかる役員に対して損害賠償責任を負う場合[19]には，解任を請求した当事者がこれにより合弁会社が被った損害等を補償する旨の規定を定めておくことが考えられる（サンプル条項第2項参照）。

(6)　欠員が生じた場合の対応

> 第●条（役員の欠員）
>
> 　第●条に基づき指名され，選任された役員が，その任期満了前に辞任，解任，死亡等により欠員となった場合，当該役員を指名する権利を有する株主は，新たに代わりとなる役員を指名することができる。

　任期満了前の辞任・死亡などにより役員に欠員が生じた場合，当該欠員となった役員を指名した株主が後任の指名権を持つことになる。

16　東京地判平成26年12月18日判時2253号64頁。

17　最判昭和57年1月21日判時1037号129頁。

18　例えば，過去の裁判例においても，他の取締役や経営陣と意見が対立した（東京地判昭和57年12月23日金判683号43頁），大株主の信頼を損ねた（東京地判平成27年6月22日商事2090号65頁）といった理由に基づく解任については，「正当な理由」がなかったと判断されている。

19　合弁会社から役員報酬を支給している場合は，かかる支給額が損害算定の基準となる。もっとも，株主がその役職員を合弁会社の役員に指名する場合，合弁会社から当該役員に対しては役員報酬を支給しないことが多く，その場合はそもそも解任による損害が生じていないことになる。

(7)　出資比率の変動による指名権の見直し

> 第●条（役員構成の見直し）
> 　　第●条に定める各株主の出資比率が変動した場合には，両株主間で
> 誠実に協議したうえで，変動後の出資比率に応じて，各株主が指名す
> ることができる取締役候補者の人数を見直す。

　前述のとおり役員の指名人数は株主の出資比率に応じて決められるのが通
常であるため，株式譲渡や増資の引受けなどにより，当初の出資比率が変動
した場合には，変動後の出資比率に応じて，各当事者が指名することができ
る役員候補者の人数を見直す旨の規定を定めておくことが望ましい。

(8)　派遣役員の善管注意義務とその免責

> 第●条（役員の免責）
> 　　株主X及び株主Yは，それぞれ相手方株主が指名した役員に対し，
> 当該相手方株主の事前の同意を得ない限り，直接又は本会社に代わっ
> て損害賠償等の責任追及を行わない。

　派遣取締役は，合弁会社の役員に就任した以上，合弁会社に対して善管注
意義務・忠実義務を負い（会社法330条・355条，民法644条），合弁会社の利
益を実現する（すなわち，合弁会社の企業価値を最大化する）ためその業務
を執行しなければならない[20]。その一方で，派遣取締役は，取締役会の議決

　　20　これに対して，取締役の選解任に関する種類株式（会社法108条1項9号）を
　　　用いて選任された合弁会社の派遣取締役については，当該派遣取締役が派遣元
　　　株主の圧力に屈して取締役会で（合弁会社の利益とならないような態様で）議
　　　決権を行使した場合であっても原則として合弁会社に対して個人責任を負わず，

及び日々の業務執行において派遣元株主の意向に従って行動することが期待されていることが通常であるが，株主の意向と合弁会社の利益は必ずしも常に一致するとは限らない[21]。

そのような場合，派遣取締役は合弁会社の取締役としての善管注意義務と派遣元株主の意向の板挟みとなり，派遣元株主にとっても派遣取締役に対するコントロールを失うリスク要因となる。

加えて，何が「合弁会社の利益」であるかは一義的に決まるものではないため，派遣役員と派遣元の株主間，又は，各株主間においてその認識が異なることは十分にありうる。

その結果，派遣取締役が，「合弁会社の利益」よりも派遣元株主の意向を優先し，又は派遣元株主以外の株主が考える「合弁会社の利益」に沿わない行動をしたことにより，当該派遣元株主以外の株主から株主代表訴訟（会社法847条）などに基づき取締役個人としての善管注意義務違反の責任を追及されかねない。

法的な議論は別としても，派遣役員が派遣元株主の意向に沿って行動することは両株主間においても暗黙の了解となっていることが通常であると思われるため，株主間契約においても，派遣元株主の事前同意がない限りは，相手方が指名した役員に対して損害賠償等の個人責任の追及を行わない旨の義務規定を定めておくことも考えられる（サンプル条項）。この場合，当該条

　　　　当該紛争は究極的に株主間において解決されるべきであるとする見解がある（大杉謙一「種類株式の取締役選解任権」法学教室265号9頁，10〜11頁（2002年））。このような見解は，全株主が株主間契約の当事者となっている合弁会社においては一定の合理性があると思われるが，筆者らの知る限り合弁会社の派遣取締役の善管注意義務・忠実義務違反の成否が直接的に判断された公表裁判例はなく，実際に裁判所で争われた場合にどのような判断がなされるか予測が困難であることに鑑みれば，派遣役員が個人責任を負うことを回避したい当事者としては，上記のような役員免責に関する条項を入れておくメリットは依然としてあるといえよう。

21　例えば，合弁会社にとってはA会社と取引を行うことが利益となるが，当該A会社が派遣元株主の競業会社であるため，当該株主が取引を望まない場面などが考えられる。

項の効力は契約当事者ではない派遣取締役には及ばないため，実効性を担保する観点からは，かかる合意が派遣取締役を受益者とする第三者のためにする契約としての側面を有することに鑑みて，個々の派遣取締役の就任時に受益の意思表示（民法537条3項）をさせておくことも考えられる。

(9)　派遣役員に対するコントロール

第●条（役員による議決権行使）
　　株主X及び株主Yは，自らが指名した取締役，代表取締役及び監査役をして，本契約上の各株主の義務の履行のために必要な行為（本契約に従った取締役会における議決権の行使を含むが，これに限られない。）を行わせる。

　派遣役員は株主間契約の当事者とはならないのが通常であるため，各株主としては，指名した株主を介して間接的にその行動をコントロールし，株主間契約における合意内容を遵守・実現させる必要がある。サンプル条項は，派遣元株主が指名した役員をコントロールする責任を負うことを明確化するものである。

　もっとも，指名された者は，いったん合弁会社の役員に就任した以上，合弁会社に対して善管注意義務を負うため（会社法330条，民法644条），会社法の建付けを踏まえると派遣元株主の利益と合弁会社の利益が相反した場合には，後者を優先することが求められる。したがって，その意味では株主も自らが指名した役員に対して完全なコントロールを有するわけではないことに留意が必要である[22]。

　　22　なお，派遣役員が株主間契約の内容実現のために必要な行為を行わないリスクは，派遣元合弁当事者が負担すべきものとの整理されることも多い。そのため，派遣元合弁当事者がその派遣役員を自らの意向に従わせることができなかった場合であっても，当該派遣元合弁当事者が負う株主間契約上の義務及び当該

③ 取締役会

(1) 決議事項に関する取決め

> 第●条（取締役会決議事項）
>
> 　本会社の取締役会決議事項は，別紙●のとおりとする。

　会社法362条4項は取締役会が自ら決定しなければならない事項を定めているが[23]，かかる条文に従っても，ある事項につき取締役会決議が必要か否かは必ずしも一義的に導かれるわけではない。例えば，何をもって「重要な」財産の処分（1号）に該当するかの定量的な基準は法律には示されておらず[24]，また，「その他の重要な業務執行」（4項柱書）という包括的な事項も含まれているため，「重要」性の有無について一定の判断を要する。

　そのため，実務上は検討中の議案が合弁会社における取締役会決議事項に該当するかを都度判断しなくても済むよう，取締役会規則や決裁権限規程等

　　　　義務違反によるペナルティ（例えば，義務違反を条件とする割増価格によるプットオプションや割引価格によるコールオプションなど。詳細については本編第5章②参照）を免れることはできないことを明確化するため，その旨を株主間契約に規定しておくこともある。

[23]　具体的には，①重要な財産の処分及び譲受け（1号），②多額の借財（2号），③支配人その他の重要な使用人の選任及び解任（3号），④支店その他の重要な組織の設置，変更及び廃止（4号），⑤社債発行の際の募集に関する事項（5号），⑥内部統制システムの整備（6号），及び⑦その他重要な業務執行の決定（4項柱書）である。

[24]　最判平成6年1月20日民集48巻1号1頁は，会社法362条4項1号の「重要な財産の処分」に該当するかどうかは，①当該財産の価額，②会社の総資産に占める割合，③当該財産の保有目的，④処分行為の態様，⑤従前の取扱いなどの事情を総合考慮して判断するとしたうえで，当該事案においては，帳簿価額が会社の総資産額の約1.6％に相当する他社株式の処分を「重要な財産の処分」にあたりうるとしている。もっとも，かかる判例の基準も個別具体的な事情に照らした当てはめを必要とするため，やはり現場レベルでは明確な基準とはなりえない。

の内部規則において，取締役会で決議が必要な具体的事項をあらかじめ定め
ておくことが多い（例えば，一定金額以上の資産の購入・売却については一
律取締役会決議を要する等）[25]。

　合弁事業においては，両当事者が指名した取締役により構成される取締役
会において議論を行い，合弁会社の重要な意思決定を行うことが想定されて
いるケースが多いため，どのような事項を取締役会決議の対象とするかにつ
きあらかじめ明確に合意しておくニーズは特に高い。

　そのため，合弁会社に関する株主間契約においては，具体的な取締役会決
議事項が定められることが多い。当該決議事項が多岐にわたる場合には，決
議事項に関する取決めを含む取締役会規程をあらかじめ作成しておいて，株
主間契約の別紙として添付する方法もある[26]。

(2)　定足数・決議要件に関する取決め

第●条（取締役会の決議要件）

1. 取締役会の決議は，議決に加わることのできる取締役の過半数が出
席し，その過半数の賛成をもって行う。但し，当該出席した取締役の

25　会社法362条4項は任意に変更できない強行規定と解されているため，当該内
部規則の決議基準に満たない場合であっても，法律上当然に取締役会決議を要
しないということにはならない。しかしながら，会社にとって何が重要な取引
に当たるかどうかは，会社を運営・管理する取締役会が最も熟知しているとも
いいうるので，当該内部規則で定めた決議基準は，362条4項の該当性の判断に
当たって特に重要な考慮要素になるとされる（田中亘『会社法（第3版）』（東
京大学出版会，2021年）233頁）。

26　また，株主間契約において拒否権を定める場合は，当該拒否権の対象事項が
必ずしも会社法上の株主総会又は取締役会決議事項に該当するとは限らず，か
かる決議事項に該当しないと代表取締役等の業務執行者の意思決定事項となる
ことから，拒否権の対象事項については，上記の合弁会社の社内規程において
も，株主間契約における合意内容に従っていずれかの決議事項としておくこと
が望ましい。

　　うち，株主X及び株主Yが指名した取締役がそれぞれ1名以上含まれ
　　ていない場合は，当該取締役会は定足数を満たしていないものとして
　　取り扱う。
　2．前項但書の規定は，いずれかの株主が指名した取締役の全員が(i)法
　　令等の定めにより議決に加わることができない場合，又は，(ii)招集通
　　知を受けながら正当な理由なく出席しない場合には適用しない。

　会社法上，取締役会の定足数及び決議要件は，議決に加わることができる
取締役の過半数が出席し，出席した取締役の過半数の賛成である（会社法
369条1項）。

　したがって，合弁会社における取締役の過半数の指名権を有する多数株主
は，その気になれば少数株主の指名取締役の参加がなくても自らが指名した
取締役のみで決議を行うことができる。

　もっとも，本編が想定している51：49のケースのように当事者の出資比率
が近接している合弁事業においては，両株主が共同で合弁事業を運営すると
いう認識のもと，合弁会社の重要な意思決定機関である取締役会の定足数
（＝議決に加わることができる取締役の過半数の出席）について一定の修正
がなされることがある。具体的には，法定の定足数を加重[27]したり，出席取
締役に各当事者指名の取締役がそれぞれ最低1名以上含まれていることを定
足数充足の要件とするなどの方法により，両株主の意思が議決に反映されて
いることを意思決定の前提条件とする建付けが取られることがある（サンプ
ル条項第1項但書参照）。

　ただし，少数株主が当該建付けを逆手にとり，その指名取締役を出席させ
ないことにより事実上の拒否権を行使することを防ぐため，一方当事者の指

　27　例えば，議決に加わることができる取締役の3分の2以上の出席することが
　　考えられる。

名取締役の全員が正当な理由なく出席しない場合には，かかる定足数充足の要件は適用されない旨の例外規定を置いておくことも考えられる（サンプル条項第2項参照）。なお，取締役会の定足数及び決議要件は定款で加重することもできるが（会社法369条1項括弧書）[28]，第1編第3章②に記載のとおり，実務上は，株主間契約においてのみ定めて，定款における加重までは行わないことが多い。

　決議要件（＝出席取締役の過半数の賛成）についても，資本多数決の原則の修正の一環として取締役会の決議要件そのものを修正することも考えられるが[29]，実務上は，事前承諾事項に関する別規定を置くことによる間接的な修正（その結果，各株主は，双方の承諾が得られていない事前承諾事項については，取締役会においても自己が指名した取締役をして当該事項を決議させない義務を負うことになる）にとどめることが多い。

⑶　その他の手続的事項

　株主総会と同様に，取締役会の招集通知を出すタイミングや，外国籍の株主がいる場合の英訳や通訳の要否などに関する手続的な規定が置かれることがある。

---

[28]　仮に定款において定足数につき過重を行う場合は，（各当事者指名の取締役が最低1名出席していることを条件とするのではなく）端的に法定の定足数を加重する方法によることになるかと思われる。

[29]　その場合は，あらかじめ両合弁当事者が合意した一定の重要事項を決議する際は，少数派合弁当事者の指名取締役のうち少なくとも1名が賛成していることを条件とする規定を置くことなどが考えられる。

4　株主間協議会

(1)　株主間協議会とは何か

サンプル条項①：株主間協議会を実質的な意思決定機関と位置づける場合

第●条（株主間協議会）
　　各株主は，株主間協議会における決議内容に従い，自ら株主総会において議決権を行使し，また，自らが指名した取締役をして取締役会における議決権を行使させる。

サンプル条項②：意思決定を行わない協議・諮問機関と位置づける場合

第●条（株主間協議会）
　　株主間協議会は，代表取締役の諮問機関として設置されるものであり，審議事項の決議・決定は行わず，最終的な決定は，株主間協議会での議論を踏まえて，株主総会，取締役会又は代表取締役によって行われる。

　　合弁事業においては，しばしば事業運営の重要方針に関する株主間の情報交換や意見調整の場として会議体が設置されることがある。

　　会社法に定めのない任意の会議体であるため正式な名称はなく，「株主間協議会」，「経営会議」，「ステアリング・コミッティー（Steering Committee）」，「運営委員会」など，案件ごとに様々な名前で呼ばれている（本書では「株主間協議会」と呼ぶ）。

　　株主間協議会を設ける目的は案件により様々であるが，その位置づけ・機能について大別すると，①合弁会社の実質的な意思決定機関とする場合と，②意思決定までは行わない協議・諮問機関とする場合の2パターンに分けら

れる。

①について，取締役会や株主総会といった会社法上の正式な意思決定機関が存在するにもかかわらず，あえて株主間協議会を実質的な意思決定機関とする理由としては，以下のようなものが考えられる。

(a)　会社法が定める手続や決議要件の縛りがないため設計の自由度が高く柔軟な運用[30]が可能であることに加え，合弁会社の取締役会構成員ではない，株主の役職員や合弁会社の現場レベルの責任者等もメンバーに加えてより実質的な議論を通じて意思決定ができる。

(b)　合弁会社に善管注意義務を負う合弁会社の指名取締役ではなく，端的に株主の利益を代弁する株主の代表が議論に参加して，株主間で直接利害調整や重要な意思決定ができる。

(c)　合弁会社の取締役の中に必ずしも当事者のコントロールが及ばない可能性がある者が存在する場合[31]に，当該取締役を構成員に含まず，直接的な株主の代表（株主の役職員）で構成される株主間協議会で実質的な意思決定をしておくことにより，取締役会における議決の予測可能性を確保できる。

株主間協議会を合弁会社の実質的な意思決定機関と位置づける場合は，会社法上の正式な意思決定機関である取締役会や株主総会においても株主間協議会の決定に従った決議がなされるよう，株主間契約上も対応しておく必要

30　例えば，株主間協議会であれば議題に応じて参加者を都度変更することを含めて構成員の調整が容易であることなどが挙げられる。

31　例えば，既存の会社が複数の第三者から出資を受けて合弁会社になった場合に，当該合弁会社の創業者兼代表取締役が引き続き取締役として残っているケースなどが考えられる。

がある（サンプル条項①）[32]。また，定款レベルでの対応を行う場合には，例えば，株主間協議会で決定すべき一定の事項について，あらかじめ株主間協議会の承認を得なければ取締役会又は株主総会に当該事項に関する議案を上程してはならない旨の定めを置くことも考えられる[33]。

---

[32]　株主総会の法定決議事項を株主総会以外の機関が決定できることを内容とする定款の定めは無効であり（会社法295条3項），また，株主総会から株主間協議会への委任も無効であると解されている（宍戸善一監修『会社法実務解説』（有斐閣，2011年）48頁〔志村直子執筆部分〕）。同様に，取締役会の決議事項についても，会社法362条4項が「取締役会は，次に掲げる事項その他重要な業務執行の決定を取締役に委任することができない」と規定していることから，取締役にすら委任することが許されない法定事項の決定を経営会議等の下部機関に委任することはできないと解されている（落合誠一編『会社法コンメンタール8－機関（2）』（商事法務，2009年）222頁〔落合誠一〕。ただし，株主全員が株主間契約の当事者となっている場合には，取締役会の慎重な意思決定が行われることにより利益を得る株主全員が権限委任に承認を与えていることに加え，株主の関係者により構成される株主間協議会は，取締役会と同等かそれ以上に合理的な意思決定能力を有する蓋然性が高いため，会社法362条4項の規定の趣旨に反するところはなく，決定権限の委譲は例外的に有効であると解する見解もある（田中亘＝森濱田松本法律事務所編『会社・株主間契約の理論と実務』（有斐閣，2021年）258頁〔森田果〕）。他方で，サンプル条項①のような契約上の規定は，あくまでも会社法上の決定機関において必要な決議を行うことを前提に，当該機関決定における議決権の行使について合意するものであるから，他の株主間の議決権拘束合意と同様に有効である。

[33]　なお，会社法上，総議決権の1％以上又は300個以上の議決権を保有する株主は，取締役に対して一定の事項を株主総会の目的とすることを請求でき（会社法303条），また，既に株主総会の目的とされた事項については，当該事項についての議案を提案することができる（会社法304条。以下，これらの権利をまとめて「株主提案権」という）。かかる株主提案権が行使された場合，株主間協議会での決議を経ていないにもかかわらず，上記のような定款の規定に抵触することなく株主総会決議がなされてしまう可能性がある。このような問題への対応策としては，あらかじめ定款において株主提案権の行使を禁止する趣旨の規定を置くことが考えられる。当該規定は，強行法規であると解されている株主提案権を定める会社法303条～305条との関係でその有効性が問題となるが，少なくとも株主間契約が当該合弁会社のすべての株主を当事者としている場合で，株主間協議会を通じてのみ株主総会に議題・議案を提出する旨の実質的な合意がある場合は，株主提案権の放棄により株主総会への議題・議案提出のためのアクセスが完全にはく奪されるわけではないので，有効と解する見解もある（田中亘＝森濱田松本法律事務所編『会社・株主間契約の理論と実務』（有斐閣，2021年）246頁〔森田果〕）。

　もっとも，実務上はパターン②（意思決定までは行わない協議・諮問機関とする場合）もかなり多い[34]。

　この場合は，一部の重要な取締役会決議事項や代表取締役決定事項など，合弁事業の基本的運営方針に関わる項目について，株主間契約当事者や現場担当者が事前の検討や意見の擦り合わせを十分に行うことを目的として株主間協議会を設置する場合が多い。

　株主間契約上でも，あくまでも協議・諮問の場であること，及び，各当事者が株主間協議会での協議の結果等に拘束されないことを明確にしておくことが考えられる（サンプル条項②）。

(2)　構成員

> 第●条（株主間協議会）
>
> 1．両株主は，本会社による事業遂行の基本方針について株主間における意見交換と情報交換を行う協議機関として，株主間協議会を設置する。
>
> 2．株主間協議会は原則として3ヶ月に1回開催するほか，必要があるときには随時開催する。各株主は，株主間協議会の開催を希望するときは，相手方株主に対して協議内容及びその理由を書面により通知し，かかる通知を受領した株主は株主間協議会の開催に応じる。
>
> 3．株主間協議会の構成員は8名とし，各株主は，それぞれ4名ずつ指名する権利を有する。各株主は，初回の株主間協議会の開催日の3日前までに，相手方株主に対して指名する委員の氏名，役職等を書面（電子メールを含む。）により通知する。

34　取締役会とは異なり，株主間協議会のメンバーには合弁会社に対して善管注意義務を負わない者が含まれることが多いため，株主間協議会における決定を合弁会社の最終判断とすることに対して抵抗感があることなどが要因として考えられる。

> 4．両株主は，株主間協議会の事務局を設置し，日程調整，会議資料の
> 　作成，会議進行，議事録作成その他の事務的作業を行わせる。

　株主間協議会の構成員は，役員同様に株主がそれぞれ指名権を有するのが通常である。株主間協議会を実質的な意思決定機関として位置づける場合は，役員同様に総数が奇数となるように出資比率に応じて指名権を有することも考えられるが，最終的な意思決定を行わない場合や同意できる範囲でのみ意思決定を行うような建付けを採用する場合には，出資比率にかかわらずそれぞれ同数の構成員につき指名権が与えられることも多い。

　構成員の肩書は案件により様々であるが，合弁事業の重要基本方針について協議・決定するという目的に鑑みて，一般的には相応のポジションにいる者（例えば，株主の役員や現場レベルの責任者など）が指名されることが多いように思われる。

5 拒否権条項

(1) 拒否権条項を設ける意義

　合弁会社の業務執行に関する意思決定のスタイルとしては，大きく分けて，以下の3パターンが考えられる。

① あらゆる決定事項（株主総会及び取締役会決議事項）について両株主の同意を得たうえで行う[35]

② 資本多数決の原則を貫き，協議は行うものの最終的には多数株主の専権に委ねる

③ 基本的には資本多数決の原則を維持しつつも，一部の重要事項につい

35　なお，役員指名の権利も同数とする50：50の合弁会社は，株主間契約において別途の定めがない限り，原則としてこの形態となる。

ては両株主の事前承諾を必要とする[36]。

　ここでの対立軸となるのは，合弁事業の根底にある「共同事業運営」（＝少数株主の保護）という概念と「円滑な事業運営」（＝資本多数決の原則のもとの多数株主の権利）である。

　例えば，上記①のパターンは，共同事業運営というコンセプトには合致しているものの，本編が想定している出資割合51：49のケースのように一方当事者が50％超を保有しているケースでは，多数株主にとって子会社である合弁会社の運営についてのコントロールが大幅に制約されることになり，表面上は51：49の資本構成になっているものの実質は50：50の合弁であるという特殊な事情がない限りは，このような枠組みを受け入れるのは相当な抵抗があると思われる。

　また，重要性の高低を問わずすべての意思決定について両株主のコンセンサスを必要とすると，取締役会や株主総会におけるあらゆる意思決定の場面においてデッドロックが生じる可能性があり，円滑な事業運営に支障を来すリスクが高まるという問題もある[37]。

　他方，②のパターンは，少数株主にとって事業運営に対する自らのコントロールが一切保証されていないことを意味しており，合弁事業に対して出資を行うインセンティブを著しく損ねてしまうおそれがある。

　そのため，一方当事者が50％超の持分割合を有しているケースでは折衷案として，原則として資本多数決の原則を維持しつつも，交渉により合意された一定の重要事項についてのみ，少数株主にも一定の拒否権を与える③のパターンが採用されることが多い。

　このように，少数株主の拒否権は，共同事業運営（＝少数株主の保護）と

36　すなわち，当該事項について少数株主に拒否権を与えることを意味する。
37　デッドロックが解消できないと，合弁解消という重大な結果につながるおそれがあることについては，本編第5章②(3)参照。

円滑な事業運営（＝資本多数決の原則のもとの多数株主の権利）という時として相反する概念のバランサーとしての役割を果たすものである。

　もっとも，どのような事項を拒否権の対象とするかは，株主間の力関係，合弁事業の性質，少数株主の経営参加に対するスタンス（すなわち，原則として多数株主に業務運営を委ねるのか，自らも積極的に参加するのか）などによりケースバイケースであり，株主間契約の交渉においてもしばしば最も重要な交渉事項の一つとなる。

(2)　典型的な拒否権事項

　どのような事項を拒否権の対象とするかは案件次第であるが，典型的なカテゴリーとしては，①ガバナンスや資本政策に関する事項（定款変更や新株発行など），②組織再編やM＆Aに関する事項（子会社の設立を含む[38]），③利益配分に関する事項（剰余金の配当など），④会社の存続に関する事項（解散など）などに加え[39]，⑤一方当事者と合弁会社との間に利益相反が生じうる事項（合弁会社と株主との取引など）や，⑥その他合弁事業の運営において重要な事項（重要な人事決定，事業計画や年間予算の承認など）など，会社法上定めがない事項もしばしば拒否権の対象とされる。

---

[38]　合弁会社が100％子会社を設立して，合弁事業の一部が当該子会社を通じて行われると，かかる部分については拒否権等を含めた少数派合弁当事者のコントロールが及ばず，株主間契約や定款で定めた資本多数決原則の修正が骨抜きになってしまうおそれがある。したがって，少数派合弁当事者にとっては，設立される子会社においても合弁会社と同様のコントロールが保証されることを確保すべく，子会社における一定の決議事項については拒否権事項としておくことが望ましい。

[39]　これらのうち多くは株主総会の特別決議事項に該当するため，もとより多数派合弁当事者が単独で決議を行えるものではない（そのため，少数派合弁当事者にとっては，株主間契約上の「拒否権」として規定することが必須なわけではない）。もっとも，株主間契約上，拒否権事項の決定に関しては株主間協議会での事前協議を必要とするなど一定の手続が踏まれることも多く，合弁会社の事業運営に重大な影響を与えうる事項については当事者間で十分な協議・検討が行われることを確保するという意図のもと，あえて拒否権事項として定めておくことが多い。

　株主間の出資比率が近接しているケースでは，少数株主がより積極的な経営参画を求め，結果として相当多岐にわたる事項について拒否権が与えられることも珍しくない。各カテゴリーのより具体例としては，**図表2-2-1**のようなものが挙げられる。

図表2-2-1 カテゴリー別の拒否権事由の典型例

カテゴリー	主な例
①　会社組織の基礎や資本政策に関する事項	・定款，取締役会規程，決裁権限規程等の改廃 ・株式，新株予約権等の発行 ・資本金若しくは準備金の額の増加又は減少
②　組織再編やM&Aに関する事項	・重要な業務上の提携，企業結合若しくは資本提携，又はその変更若しくは解消 ・株式の取得・処分 ・重要な財産の取得・処分 ・子会社の設立
③　利益配分に関する事項	・剰余金の配当その他の処分
④　会社の存続に関する事項	・解散，清算，破産手続開始，会社更生手続開始，民事再生手続開始
⑤　一方当事者と合弁会社との間に利益相反が生じうる事項	・株主又は株主と密接に関連する者（例：株主の関連会社）との間の契約の締結，変更又は解除
⑥　その他合弁事業の運営において重要な事項	・事業計画・年間予算の承認又は変更 ・重要な契約の締結，変更又は解除 ・新規事業の開始・既存事業の廃止 ・高額な借入れ，社債の発行，債務保証 ・訴訟提起，訴訟の和解その他判決によらない訴訟の終了 ・株式の上場申請 ・重要な役職員の処遇

　さらに明確性を確保するために，「重要な」という抽象的な基準ではなく，「●円以上」という定量的な基準を定めることもある。

(3)　拒否権を実現する方法

　拒否権を実現する方法を大別すると，①定款による対応と，②株主間契約による対応に分けられる。

①　定款による対応

　定款による拒否権の実現は，(a)拒否権の定めのある種類株式の発行，又は(b)取締役会・株主総会の決議要件の加重が考えらえる[40]。

　(a)の拒否権付種類株式とは，株主総会又は取締役会において決議すべき事項の全部又は一部（拒否権事項）について，当該決議に加えて，当該種類株式の株主を構成員とする種類株主総会の決議を必要とする旨の定款の定めがある株式をいう（会社法108条1項8号[41]）。そして，拒否権付種類株式を発行した場合，当該種類株式にかかる種類株主総会の決議がなければ，当該拒否権事項に関する効力は生じない（同法323条本文）。

　したがって，かかる種類株式を利用すれば，少数株主に拒否権を与えることが可能となる（例えば，49％を保有する少数株主に対してのみ拒否権付種類株式を発行することで，定款で定めた一定の事項については，51％を保有する株主Xが多数派を占める通常の株主総会の決議に加え，株主Yを構成員とする種類株主総会の決議が必要となり，株主Yが同意しなければ当該事項

40　加えて，事業計画や年間予算の承認・変更など会社法上法定されていない事項については，あらかじめ定款において株主総会の決議事項として定めておくことも考えられる。

41　拒否権付種類株式を発行する場合，①当該種類株主総会の決議を必要とする事項，及び②当該種類株主総会の決議を必要とする条件を定めるときは，その条件を定款に定めなければならない（会社法108条2項本文・8号）。

について決議できなくなる）。

　現行の会社法が施行されたときは上記のような種類株の活用が期待されたが，VCファンドによる投資などの一部の場合を除き，実務的にはあまり使われていないようである。

　その理由は必ずしも定かではないが，種類株を発行した場合における種類株主総会開催等の手続的負担もさることながら，拒否権付種類株式の拒否権事項は登記事項であるため第三者にも閲覧可能になるところ，上述のとおり案件によっては相当詳細に定められる拒否権事項の内容を第三者に知られることへの心理的抵抗もあるように思われる。

　(b)は記載のとおり，取締役会又は株主総会について会社法上要求されている決議要件を定款によって加重する方法である。定款に対象となる重要事項を列挙したうえで，当該事項については多数株主又はその指名取締役による賛成のみでは充足できない決議要件（株主総会であれば，総議決権の3分の2以上の賛成など）を定めることにより，少数株主に拒否権を与える方法である[42]。

　この場合は，株主総会における定足数や決議要件は登記事項になっていないことから，拒否権事項の内容を第三者に知られるという問題は生じない[43]。

---

[42]　なお，取締役会に関する規定については，株主自身が議決権を行使するものではないため，あくまでも派遣取締役が株主の意向に従って議決権を行使することが前提となる。

[43]　もっとも，逆にそれが理由となって少数株主の保護が制限される可能性があることに留意が必要である。すなわち，定款における取締役会又は株主総会の決議要件の加重は代表取締役の代表権・包括的業務執行権限（会社法47条1項・349条4項）に対する内部的制限であると解されるところ，かかる内部的制限は善意の第三者には対抗できない（同法349条5項）。また，学説上は，第三者に重過失があるときも悪意と同視し，会社は内部的制限を第三者に対抗できると解する見解が有力である（落合誠一編『会社法コンメンタール8—機関(2)』（商事法務，2009年）20頁〔落合誠一〕）。そして，多数派株主がかかる定款の規定を遵守することなく契約等を締結したような場合には，拒否権の存在が外部に知られないことにより，相手方が善意又は無重過失となる可能性が高まるとい

　上記に加え，非公開会社[44]では，株主平等原則の例外として定款の規定により株主ごとに属人的な取扱いが許されるため（会社法109条2項），かなり柔軟な制度設計が可能となる[45, 46]。

　取締役会の決議内容が定款に違反する場合，かかる取締役会決議は無効であると解されており[47]，株主総会決議については有効ではあるものの取消事由を構成する（会社法831条1項2号）ため，定款に定めを置くことにより，少数株主にとっては株主間契約のみで定める場合（違反する決議がなされても原則として株主間で債務不履行責任の問題が生ずるにすぎず，会社法上の効力には影響がない）と比べてより強固なプロテクションが得られることになる。

　また，後述のとおり，取締役の業務執行が定款に違反するおそれがある場合，株主及び監査役は差止請求権を行使することができるため（会社法360条・385条），少数派株主は自ら又は指名役員を通じて，多数株主の指名取締役による合意事項への違反行為に歯止めをかけることができる。

えよう。
44　合弁会社はその定款において株式の譲渡制限規定（会社法107条1項1号・2項1号）を置くことが通常であるため，非公開会社（同法2条5号）であるケースが圧倒的多数である。
45　例えば，種類株式を発行せずとも，拒否権の対象とする一定の事項については株主総会における各株主の議決権を「一人一議決権」とすることなども可能である。また，かかる事項について特定の株主に拒否権を与える旨の定めも有効であると考えられる（西口元ほか「座談会　ジョイント・ベンチャー契約の最前線」判タ1203号14頁参照。ただし，反対の見解として，相澤哲ほか編著『論点解説　新・会社法――千問の道標』（商事法務，2006年）494頁）。
46　会社設立時の定款は公証人の認証を受けなければならず（会社法30条1項），特異な規定が定められていると認証プロセスに通常よりも時間を要したり，認証が認められないなどといった手続上のリスクが抽象的にはありうる。もっとも，実務上このようなリスクは，まずは一般的な内容の定款で認証を受けたうえで，会社設立後に定款変更の手続を取ることにより回避できる。
47　江頭憲治郎『株式会社法（第8版）』（有斐閣，2021年）439頁。ただし，定款に違反してなされた代表取締役の行為につき，第三者との関係で無効主張が制限されるおそれがあることについては前記注43を参照。

しかしながら，実務上は株主間契約における定めを超えて定款による対応まで行うケースは少数派であると思われる。その理由は必ずしも定かではないが，定型的な定款が一般化している日本において特異なことを記載することに対する心理的な抵抗が大きいことや，株主間契約においては合意事項への違反に対して割引価格によるコールオプションや割増価格によるプットオプションなど一定のペナルティを規定することにより合意の実効性を一定程度担保することが可能になることも要因として挙げられよう。

②　株主間契約による対応

上記のとおり，実務上は定款による対応までは行わず，株主間契約での規定にとどめるケースが多い。拒否権の対象となる事項は多岐にわたりうるが，その場合，各事項により会社法上の承認機関（株主総会又は取締役会）も異なることになる。

株主間契約における拒否権の定め方は様々であるが，両株主による事前承諾事項としてすべての拒否権事項をまとめて1つの条項で定めたうえで，当該事前承諾事項について双方の承諾がない限り，いずれの承認機関においてもかかる事項につき決議又は決定してはならない旨の義務を株主に課す方法などが考えられる。

また，拒否権対象事項にかかる承諾の方法についても，①書面による承諾を必要とする方法，②自ら又は指名役員による賛成議決権の行使[48]などをもって，事実上の承諾とみなす方法などが考えられる。

48　取締役会などでは，少数株主が指名する取締役のうち少なくとも1人の賛成が得られていることを条件とする規定も見られるが，具体的な事案によっては合弁当事者と指名取締役が意見と違えてコントロールが効かなくなることもありうることに留意が必要である。

(4)　拒否権に関する株主間合意の性質

第●条（事前承諾事項）
1．本会社において以下の各号に定める事項（以下「事前承諾事項」という。）の意思決定がなされる場合には，株主X及び株主Y双方による事前の承諾を要する。
　(1)　定款の変更
　(2)　株式又は新株予約権の発行
　(3)　資本金の額又は準備金の額の減少
　(4)　●円以上の貸付け又は借入れ
　(5)　第三者のための債務保証，債務引受又は担保提供
　(6)　予算の承認
　(7)　事業計画の決定又は修正
　(8)　●円以上の重要な資産の取得又は処分
　(9)　合併，会社分割，株式交換，株式移転，事業譲渡又は事業譲受
　(10)　解散
2．事前承諾事項のうち，株主総会又は取締役会による承認を要するものにつき株主X及び株主Yの承諾がない場合は，株主X及び株主Yは，当該事項にかかる議案が本会社の株主総会で否決されるよう，自ら議決権を行使し，また，自らが指名した取締役をして，議決権を行使させる。

　拒否権を定款に定めることなく，単に株主間契約における一条項として定めた場合，当該合意は法律上どのような性質を持つのであろうか。
　前記のとおり，株主間契約上，拒否権は双方又は少数株主の承諾を要する事前承諾事項の形で定められるのが一般的であるところ，各事項により会社

法上の承認機関（株主総会又は取締役会）も異なる。したがって，当該事前承諾合意の法的性質は，(i)株主総会決議事項である事前承諾事項については，相手方株主から事前承諾を得られていない事項について議決を行う場合，当該事項に係る議案が否決されるように自ら議決権を行使する旨の議決権拘束合意であり，(ii)取締役会決議事項である事前承諾事項については，かかる議案が否決されるように，その派遣取締役をして議決権を行使させる旨の合意[49]であるとそれぞれ整理することができる。

　これらの合意は，原則としてその当事者間において債権的効力を有するにすぎず，一方株主（またはその派遣取締役）が合意に違反して特定の行為や決議を行ったとしても，当該行為にかかる会社法上の効力を左右するものではない。

　したがって，仮に多数株主が株主間契約の規定に違反して，少数株主の事前承諾を得ずに事前承諾事項について取締役会又は株主総会において決議した場合であっても，当該決議は会社法が定める決議要件を充足している限り有効である。また，株主総会の決議取消事由を定める会社法831条1項各号では，株主間契約に違反してなされた決議は挙げられていない以上，基本的には決議取消しも認められないと考えられる。

　この点については，株主全員が当事者となる議決権拘束契約が存在する場合には，例外的に，かかる契約に違反する議決権行使によって成立した決議は定款違反に準じて取消しの対象となりうる（会社法831条1項2号参照）とする見解も有力である[50, 51]。

49　対象となる事前承諾事項が株主総会決議事項・取締役会決議事項のいずれにも該当しない場合もありうるが，そのようなケースでは各株主はその派遣取締役（特に代表取締役）をして相手方株主の事前承諾が得られていない事項を実施させない旨の義務を負うものと考えられる。

50　江頭憲治郎『株式会社法（第8版）』（有斐閣，2021年）352頁，田中亘『会社法（第3版）』（東京大学出版会，2021年）181頁。

51　東京地判平成27年9月7日金判1492号50頁は，議決権拘束合意ではないもの

　確かに，会社の実質的所有者である株主全員の合意に反する決議の効力を
否定しても株主に不利益はないという論拠には一定の合理性もあるが，そも
そも株主総会の取消事由は限定列挙されているものであり，文理解釈として
はこれを認めることは難しい面がある[52]ことに加え，より強固なプロテク
ションを望むのであればあらかじめ定款で定めておくという選択肢も存在す
ることを考えれば，あえてこの場合に株主総会決議の取消しを認める必要性
があるか否かについては議論が分かれるところであろう。

　この点について明示的に判断した最高裁判例がない以上，少なくとも株主
間契約の交渉に臨む当事者のスタンスとしては，裁判所において常に上記の
ような救済又は拡大解釈がされることを過度に期待すべきではないと思われ
る。

(5)　契約違反への対応策

　株主間契約において拒否権が定められた場合，理論的には，各株主は拒否
権の対象事項について，相手方株主の承諾が得られない限り株主総会におい
て賛成の議決権を行使してはならない旨の不作為義務を負うものと解される。
したがって，そのような不作為義務が契約上明確になっていれば，多数株主

　　の，残余財産の分配方法に関する株主全員の合意を会社法109条2項の定款の定
　　めと同視することができるとしており，かかる判示は控訴審判決（東京高判平
　　成28年2月10日金判1492号55頁）及び上告審（最判平成28年10月4日判例集未
　　登載）においても維持されている。
52　議決権拘束契約に違反する議決権行使が，会社や他の株主との関係で権利濫
　　用と評価しうるような場合には，当該議決権の行使は無効となり，それにより
　　決議の可決要件を欠けば，決議方法の法令違反（会社法831条1項1号）の取消
　　事由に該当すると解されている（東京地方裁判所商事研究会編『類型別会社訴
　　訟I（第3版）』（判例タイムズ社，2011年）411頁）。とはいえ，議決権拘束契
　　約に違反しているという事実のみをもって直ちに権利濫用と評価されるもので
　　はなく，株主総会決議の取消しを認めて被違反当事者を救済しなければ信義に
　　もとるような例外的な場合にのみ認められる措置であることに鑑みれば，議決
　　権拘束契約に違反する議決権行使が総会取消事由に該当することはやはり相当
　　のハードルがあるものと思われる。

が，拒否権に関する株主間契約上の合意を無視して当該事項につき一方的に株主総会決議を行おうとしている場合，少数株主は，これを阻止するために多数株主に対して契約違反を理由とする当該議決権行使の差止めを求めることが考えられる[53]。

　もっとも，前記のとおり拒否権の対象となりうる事項は多種多様であり，会社法上株主総会の承認を要しない事項も含まれうるところ，そのようなケースではそもそも多数株主による議決権行使がなされていないため，差止めの対象行為が存在しないという問題がある。また，合弁会社の取締役は株主間契約の当事者とならないのが通常であるため，株主間契約で定められた拒否権条項の内容に反する取締役の行為につき同契約に基づく差止めを求めることはできない[54]（他方，当該合意内容を定款に定めておけば，取締役の業務執行が定款に違反するそれがある場合，株主及び監査役は差止請求権を行使することができる（会社法360条・385条））。

　債務不履行に基づく損害賠償請求（民法415条）も理論上は可能であるが，あらかじめ違反時における賠償額の予定（同法420条）を定めていない限り（なお，実務的には高額の違約金が合意されることは希である[55]），拒否権に

---

[53]　株主間契約において相手方の承諾が必要な拒否権事項として定められていた「株式の譲渡」に株式交換が含まれ，当事者が株主総会において株式交換契約の承認議案に賛成してはならない不作為義務を負っていたかが争われた名古屋地判平成19年11月12日金判1319号50頁は，傍論においてではあるが，原則として議決権行使の差止請求を否定しつつ，①株主全員が当事者である議決権拘束契約であること，及び，②契約内容が明確であること（同判決においては，契約内容が明確に議決権を行使しないことを求めていること），という2つの要件を充足する場合は，議決権拘束契約に違反しようとしている当事者に対して当該契約に基づき議決権行使の差止請求が認められる余地がある旨判示している。

[54]　もっとも，合弁会社が株主間契約の当事者に含まれている場合は，取締役会や代表取締役の行為を会社の行為として，合弁会社に対して差止を求めることが考えられる。

[55]　その理由としては，①違約金が実際に生じた損害よりも著しく高額であるような場合には，当該違約金に関する合意が公序良俗違反として無効になる可能性も否定できないため，そもそも高額な金額を設定しづらいこと，②違反が生

関する合意に違反されたことにより少数株主が被った損害を立証することは必ずしも容易ではないと思われる。

　そのため，実務上は，当事者の保有株式について株主間契約の違反を条件とするコールオプションやプットオプションなど一定のペナルティを規定することにより，間接的に合意事項の遵守を担保しておくことが多い。

⑹　拒否権事項を定める際のその他の留意点

①　設立準拠法への抵触

　合弁会社の設立準拠法によっては，一部の拒否権合意が当該準拠法の強行法規性に反して無効となってしまう可能性があるため，あらかじめ具体的な拒否権事項と共に当該設立準拠法の専門家に相談するなどして合意の有効性を確認しておく必要がある。

②　競争法上の影響

　例えば事業計画・予算が典型例であるが，一定の重要な事項について拒否権を定めた場合には，競争法上両株主が合弁会社に対する共同支配（Joint Control）を有すると評価され，一部の国において合弁会社の組成について企業結合に伴う競争法上の届出が必要となることがある。

　競争法上の実質的な問題がない場合であっても，事前に届出等を行うことは時間と費用のかかる問題であり，留意が必要である。

　　じた場合の損害範囲や損害額を合理的に見積もるための手がかりが少ない契約締結前においては，違約金の金額をめぐる交渉で合意に至ることが困難であることなどが挙げられよう。

コラム　株主間契約（合弁契約）と競争法上の届出

　合弁会社の設立について，国内外の競争法上の届出要件を満たし，競争当局に対して事前に（又は事後に）届出が必要になることがある。競争法上の届出義務を課している国・地域は非常に多く，競争法上の届出・審査が取引全体のスケジュールに影響を及ぼすこともよくあるため，可能な限り早期に，届出が必要な国・地域の特定を行う必要がある。

　競争法上の届出要件は国・地域ごとに異なるため，個別の判断が必要になるが，特に注意が必要なのは，合弁会社自身が当該国・地域において事業活動を行わないような場合でも，届出要件を満たす可能性があることである。例えば，EUや中国では，合弁会社の株主が，合弁会社に対する共同支配権（joint control）を取得する場合，合弁会社自身がEUや中国で事業活動を行わないとしても，各株主（グループ）の売上高が届出要件を満たせば，届出が必要になる。届出を行わなかった場合には罰則を科される可能性があり，最近（2021年）でも，滴滴出行とソフトバンクが（中国ではなく）日本で配車サービス事業を行う「DiDiモビリティジャパン」を折半出資で設立した際に，事前に中国当局に届けなかったことを理由に，中国当局から両社に対してそれぞれ50万元（約830万円）の罰金が科されている。

　複数の株主が共同支配権を取得するのか，それとも特定の株主が単独支配権（sole control）を取得するのかの判定は，どの株主が合弁会社に対して決定的な影響力（decisive influence）を行使できるかにかかっており，株主間契約の内容次第で結論が変わりうる。例えば，少数株主に対して，合弁会社の事業計画の策定や予算決定に関する拒否権を与えた場合，共同支配権の取得であると評価されやすくなる。一方，少数株主に対して，定款変更，増減資等に関する拒否権を与えたとしても，少数株主の経済的な利益を保護するために一般的に認められる範囲のものであれば，それ自体は共同支配権の取得とは評価されにくい。このように，株主間契約の作成・交渉においては，その内容次第で競争法上の届出が必要な国・地域が変わり，取引全体のスケジュールにも影響を及ぼしうることに留意する必要がある。

③　連結決算への影響

　拒否権事項は，株主の連結決算における連結範囲にも影響を与える可能性がある。

　より具体的には，いかなる場合に合弁会社が連結の対象となるかは株主の所属する企業グループが採用する会計基準によって異なるところ，仮に50％超の議決権を有していても，株主間契約において一定事項に関する拒否権合意が存在することにより，連結子会社の要件を充足しなくなる場合がありうる。

　例えば，日本の会社にとって最もなじみのある日本会計基準に基づけば，ある会社が他の会社の議決権の過半数を保有していれば，当該他の会社は「子会社」に該当し[56]，連結財務諸表提出会社の連結対象となるのが原則である[57]。

　もっとも，財務上又は営業上若しくは事業上の関係からみて当該他の会社の意思決定機関を支配していないことが明らかであると認められる場合には，当該他の会社は「子会社」には該当せず[58]，その結果連結対象からも外れる。そして，合弁会社が複数株主により共同で支配されている実態にある場合もこれにあたるとされている（その結果，合弁会社は多数株主の子会社ではなく，関連会社となる）[59]。

　したがって，拒否権事項の範囲をあまりに広く設定することにより上記の共同支配の実態がある場合に該当してしまうと，多数株主の連結決算において合弁会社を連結できなくなる可能性がある。

56　企業会計基準委員会「連結財務諸表に関する会計基準」（企業会計基準第22号，平成25年9月13日改正）6項・7項(1)。
57　前記注56同会計基準13項。
58　前記注56同会計基準7項但書。
59　企業会計基準委員会「連結財務諸表における子会社及び関連会社の範囲の決定に関する適用指針」（企業会計基準適用指針第22号，平成23年3月25日改正）16項(2)。

　合弁会社が連結対象となるか否かは多数株主にとって重要事項であるため，株主間契約の交渉にあたっては，少数株主から要求されている具体的な拒否権事項を踏まえて，自らの会計監査人と事前に相談するなど十分留意する必要がある。

⑺　**事前協議事項**

　多数株主としては，可能な限り拒否権の対象事項を少なくし，資本多数決の原則の維持を望むのが通常である。そのため，当事者間の交渉の結果，合弁会社の運営に対するインパクトが相対的に低い事項については，少数株主の事前承諾までは必要とせず，合弁会社が当該事項を行う際には事前に株主間で十分な協議を行うことを要する事前協議事項という形にとどめるケースもある。

第3章

事業に関する条項

1 概　要

　株主間契約においては，対象会社の事業に関する定めが置かれることが多い。

　その内容は案件によってケースバイケースであるが，本章では，比較的定められることが多い事項に関して説明を行う。

　下記でとりあげる事項については，拒否権の対象とされることもあるが，それと重畳的に決定プロセスや方針を定めた個別の条項が置かれることもある。これは，単なる拒否権事項の一部とするだけでなく，個別の事項を定めたいという当事者のニーズに基づくものであるが，株主間契約を作成するにあたっては，拒否権に定められている事項との関係に留意する必要がある。

2 事業範囲・事業方針

第●条（事業目的）

> 本会社が行う事業は，以下のとおりとする。
> (1)　●
> (2)　●

　合弁会社における株主間契約の当事者は，合弁会社が一定の事業を行うことを目的として合弁会社を組成しているものであるから，合弁会社の行うべき事業を明確化するものである。とりわけ，少数株主にとっては，合弁会社が予定された事業以外の事業を行わないようにする必要がある。

　具体的には，株主間契約において事業範囲を定めるとともに，合弁会社が新しい事業を実施する，あるいは既存の事業を廃止することについて，少数株主について拒否権が認められることもある。また，定款の目的の事業範囲を限定することもある。

　なお，合弁会社が，株主間契約や定款に定められた事業範囲外の行為を行ったとしても，第三者との関係で当該行為が直ちに無効とされることはまず考えられないところであるが[1]，当該行為を主導した株主について，株主間契約の違反や取締役についての善管注意義務違反が認められる可能性はある。

　また，合弁会社における事業方針を定めることもある。具体的な事業方針は，ケースバイケースであるものの，特に，同業者や隣接業種における事業者の間の合弁会社における株主間契約においては，事業上の戦略に基づく具体的な事業方針が定められることもある。

　なお，本項で定められる合弁会社の事業の範囲は，株主間契約における競

---

[1]　裁判例においては，目的の範囲は極めて弾力的に解釈されており，例えば，特定の政党への政治献金が会社の目的の範囲内とされた著名な事件として八幡製鉄政治献金事件（最判昭和45年6月24日民集24巻6号625頁）が挙げられる。

業避止義務の範囲を画することも多いため，かかる観点から慎重な検討を要する場合もある。競業避止義務に関しては本編第3章⑦を参照されたい。

3 事業計画等

第●条（事業年度・計算書類等の提出）
1．本契約の効力発生日が属する本会社の事業年度及び翌事業年度の事業計画は別紙●のとおりとする。
2．本会社の事業年度は，毎年4月1日から翌年3月31日までとする。
3．本会社は，別途両株主が合意する書類を作成し，それぞれにつき所定の時期までに各株主に提出する。

　事業計画は，合弁会社における運営の基本的な指針となる重要な事項であるところ，合弁会社の組成時には，当事者間で当初の事業計画，資金計画，設備投資計画等を作成していることも多く，株主間契約に添付されることもある。

　また，当初合意された期間以降の事業計画の作成プロセスについて詳細な手続を定められることもあり，数年分の事業計画を1年ごとにローリングベースで更新する場合や，単年の事業計画と中長期の事業計画の双方を作成する場合などもある。

　当初の事業計画は，合弁組成当初から当事者間で合意されていることも多いため，これが問題になることはあまりないが，その後の事業計画については，合弁会社の運営方針をめぐり，株主間で対立が生じたような場合など，その内容が問題となることがある。

　事業計画の作成・更新については，拒否権の対象とされることもあり，

デッドロックになった場合には，合弁の解消プロセスを開始する旨の定めが置かれることもある。

　また，拒否権との関係では，既存の事業計画で想定されている事項については一般的に拒否権から除外されることも比較的多く，その結果，株主間契約において事業計画が添付されているような場合には，事業計画において想定されている事項については，一律に拒否権の対象外となる場合もあるので注意が必要である。

　株主間契約において複数年分の事業計画が添付されている場合においては，数年後の合弁会社の実績が当初事業計画で想定した業績よりも下回っていたような場合には，事業計画を見直す，あるいは合弁の解消プロセスを開始する旨の定めが置かれることもある。

4 株主との取引

> 第●条（株主との取引）
> 　株主Xは，別紙●に定める●契約に従って，本会社との間で●に関する取引を行うものとする。

　合弁会社の事業遂行にあたって，一定の事項については，株主との間の取引が想定される場合がある。
　例えば，株主と合弁会社が商流の一部を構成しているような場合には，原材料の調達や販売代理に関する契約が締結されることがある。
　株主の様々なリソースを利用する場面として，例えば，①株主の人員を活用する場合において，出向契約が締結されることや（出向の取扱いについて

は本編第3章6も参照されたい），②株主（多数株主であることが多い）が
ITシステムや会計などの間接部門の業務の委託を受ける場合に，当該株主
と合弁会社の間で業務委託契約やサービス契約が締結されること，また，③
株主の有する知的財産権に基づき合弁会社が事業を行う場合には，ライセン
ス契約が締結されることがある（知的財産権の取扱いについては本編第3章
5を参照されたい）。

　合弁会社における利益の分配は，配当による（すなわち，持分割合に応じ
て分配される）ことが原則的な考え方ではあるものの，株主と合弁会社間の
取引条件によっては，実質的な利益の分配が一方の株主に有利，不利になり
うるところであるし，合弁会社のコスト構造に大きな影響を与えうるもので
あるから，これらの付随契約の経済条件は慎重に検討する必要がある。

　また，当事者となる株主が大株主であり合弁会社のコントロールを有して
いるような場合には，少数株主としては，合弁会社の事業運営のために必要
な当該大株主と合弁会社との取引が終了したり，あるいは，大株主側に過度
に有利な取引条件となることがないようにする必要がある。
　このため，株主との取引条件については，当該取引に係る契約書を株主間
契約に添付し，その変更や解約には，少数株主の同意を必要としたり，株主
との取引の締結，条件の変更及び終了について一般的に拒否権条項に含める
こともある。
　これらの株主との契約については，株主間契約の付随契約として位置づけ
た上で，各株主による付随契約の違反は株主間契約の違反と同一のものとし
て取り扱い，株主間契約の解除等一定の効果を定めることもある（本編第5
章2も参照されたい）。

　かかる観点から，取引条件が公平なものとなるように，以下のような文言

を定めることもある。

第●条（株主との取引条件）

　　各株主は，本会社と自ら又はその子会社若しくは関連会社との間で取引を行う場合には，別途相手方の事前の書面による承諾がない限り，独立当事者間における取引条件と同等の条件で行う。

5 　知的財産権の取扱い

第●条（知的財産権の取扱い）

1．各株主は，本会社の設立後，速やかに本会社との間でそれぞれ別紙●の内容のライセンス契約を締結する。

2．本会社が，株主のいずれか一方又は双方からライセンスを受けた知的財産権等に基づき，本会社の事業に関連して新たな発明，考案，創作等を行った場合（以下本条において，総称して「改良知的財産権等」という。），当該改良知的財産権等は，ライセンス契約に別段の定めがない限り，その基礎となる知的財産権等をライセンスした株主と本会社との共有とする。

3．本会社が，株主のいずれか一方又は双方からライセンスを受けた知的財産権等に基づくことなく，自らの事業に関連して発明，考案，創作等を行った場合，当該発明，考案，創作等に係る知的財産権等は，本会社に単独で帰属する。

　　合弁会社の事業内容によっては，例えば，製品の製造のために，株主が保有する特許権，実用新案権，意匠権，商標権，ノウハウなどの知的財産権を

利用，使用又は実施する必要がある場合がある。

　合弁会社がこれらの知的財産権を利用，使用又は実施できるようにする方法としては，株主から知的財産権を合弁会社に譲渡する方法と，株主から合弁会社に対してこれらの知的財産権をライセンスする方法がある。

　知的財産権を合弁会社に譲渡するか，あるいはライセンスとするかはケースバイケースであるが，例えば，当該知的財産権が当該株主の他の事業にも必要な場合や，株主にとってコアとなる資産であるような場合には，ライセンスになることが多いと思われる。

　合弁会社における知的財産権については，合弁を解消する際にも大きな問題になることがある。一般論としては，ライセンスの形態の方が，合弁解消時の権利処理は容易なことが多いと思われるが，一方の株主が合弁会社の株式をすべて取得する形で合弁を解消するような場合には，合弁会社自身が必要な知的財産権を保有している方が知的財産権の処理は容易となる。

　このように，合弁解消の方法によって，適切な知的財産権の処理が異なってくることから，合弁の解消に関する条項において事前に知的財産権についての取扱いを定めておくこともある（合弁の解消時の知的財産権の取扱いについては本編第5章④も参照されたい）。

　前記④でも述べたとおりだが，知的財産権をライセンスとする場合には，合弁会社が一方の株主に対して支払うロイヤルティの設定が，合弁会社の経済的な位置づけに大きく影響しうるため，慎重な検討が必要となる。

　なお，近時は，いわゆるビッグデータを合弁会社の事業に利用する事例も増加しており，株主から合弁会社に対してデータが提供されることがある。一般的にデータは知的財産権によって保護されるとは限らないこともあり，データについては，提供に際してその利用方法の詳細（利用目的や第三者へ

の提供の可否など）を契約において定めておく必要性が高い。

　また，合弁会社の事業において蓄積されるデータは，合弁会社に帰属するとされることもあるが，合弁会社の解消時のデータの取扱い（一方の株主が取得できるのか，双方の株主が取得できるのかなど）について，あらかじめ株主間契約に定めることもある。

6 従業員に関する事項

> 第●条（人員の派遣）
> 　各株主は，本会社の設立後，速やかに本会社との間で別紙●の内容の出向契約を締結し，自ら又はその子会社若しくは関連会社の役職員を本会社に出向させる。出向者の給与その他出向に要する費用については，本会社の負担とする。両株主は，本会社及び両株主による協議の上，合意により，出向者及び出向条件を変更することができる。

　合弁会社を新たに組成する場合，合弁会社が自ら従業員を新規に雇用することも考えられるが，とりわけ合弁開始直後は，新規の雇用では十分な人員を確保することができないこともあり，株主の従業員が転籍する，あるいは出向する形で合弁会社の事業運営が開始されることが多い。

　株主の従業員が転籍する場合には，合弁会社において新たな人事制度を設計する必要がある。また，株主において存在していた年金を移管する必要がないか，移管させる場合にはどのように移管させるかなども検討の必要がある。特に両株主から従業員が転籍してくる場合には，両社の人事制度や給与水準が必ずしも同一でないことが多いため，統一した人事制度を構築するのか，あるいはしばらくは別の人事制度を併存させるのかの検討が必要である。

これらの事項は，必ずしも株主間契約において詳細に定められないことも多いと思われるが，事前に両株主の人事部なども含めて，十分な検討が必要な事項であろう。

　株主から合弁会社に従業員が出向する場合には，株主と合弁会社との間で出向契約が締結されることが多く，出向の規模（人数や対象となる人員の内容）や費用負担（株主が負担するのか，合弁会社が負担するのか）などを定めることになる。費用負担については，例えば，給与，賞与，各種社会保険料，各種手当，出向期間に対応する退職給付金引当金などそれぞれについて個別にいずれの当事者が負担するかを合意することもある。

7 競業禁止・勧誘禁止

第●条（競業及び勧誘の禁止）
1. 各株主は，本契約の有効期間中，別段の合意がある場合を除き，自ら又はその子会社若しくは関連会社をして，直接又は間接を問わず，本会社の事業と実質的に競合する事業を行い又は行わせてはならない。
2. 各株主は，本契約の有効期間中及び本契約の終了後2年間，別段の合意がある場合を除き，本会社の役職員（相手方又はその子会社若しくは関連会社から本会社に出向している者を含み，自ら又はその子会社若しくは関連会社から出向している者を除く。）に対し，自ら又はその子会社若しくは関連会社を含む他の会社への転職，独立又はその他の理由による離職の仲介若しくは勧誘を行わず，また，第三者をしてこれらを行わせない。

　合弁会社における株主間契約においては，合弁会社で行う事業については，

株主自らはこれを行わないという趣旨の競業避止義務が含まれることが少なくない。株主と合弁会社が競合するような場合には，株主が合弁会社の事業が成功するように努力するインセンティブが低下するものであるから，株主間で合弁事業を行おうとする以上，このような競業避止義務が定められることに合理性がある場合も多いが，株主の規模によっては競業避止義務を負うことが難しい場合もありうるであろう。

なお，合弁会社の事業の定義の範囲によっては，株主にとって競業避止義務を負う範囲が広くなってしまうことがあることは注意が必要である。

例えば，競業避止の対象となる「事業」の定義が，合弁会社における将来の事業も含むものである場合，合弁会社の将来の事業展開によっては，競業避止義務の範囲が予想外に広がる可能性もある。

競業避止義務の対象となる合弁会社の「事業」は，株主間契約における合弁会社の事業の条項で定められることも多いため，合弁会社の事業の条項においては，競業避止義務の範囲との関係も留意しつつ内容を確定する必要がある。

競業避止義務については，事業の定義に加えて，地理的な範囲や期間も問題となる。地理的な範囲については基本的に合弁会社が事業活動を行うことが想定されている地域ということになるであろうが，場合によっては，特にリソースを集中させる一部の地域についてのみ競業避止義務を課し，その他の地域についてはこれを課さないことも考えられよう。

また，期間については株主間契約の有効期間中に加えて終了後も一定期間存続する旨の規定を置くことが考えられるが，特に終了後については，それまで合弁会社を通じて行ってきた事業が完全に禁止されることになるため，株主としてはこれを負うことが難しい場合も十分考えうるところである。

　競業避止義務とともに，株主が合弁会社や相手方株主の役職員を自らの役職員等とするように勧誘することを禁止する条項（no solicit）が定められることもある。一般的な求人等に応じて従業員が自ら転職してきたような場合には違反にならないような例外が設けられることも多い。

　なお，競業避止義務を通じて市場分割その他独禁法・競争法上問題が生じうる合意がなされることが少なくないことには注意を要する。

コラム　株主間契約（合弁契約）と競争法上のカルテル規制等

　合弁会社における株主間契約においては，合弁事業を成功させるために，株主と合弁会社の間や株主間の競争に制約を加える規定を設けることも少なくない。競争法も，このような合弁事業に付随する競争制限的な規定を一律に禁止しているわけではなく，制限の必要性と手段の相当性（より競争制限的でない手段がないこと）が認められる範囲であれば，基本的には許容される。例えば，合弁会社で行う事業について，株主自らはこれを行わないという趣旨の競業避止義務を課したとしても，競業避止義務の対象となる事業内容，期間及び地域が適切に限定されていれば，合弁事業を機能させるために必要かつ相当な制限であるとして，通常は問題にならないと考えられる。

　一方，制限の必要性又は相当性が認められない場合には，競争法に抵触するおそれが高まる。例えば，合弁会社の事業と直接関係しない商品について競争に制約を課す行為（合弁会社では商品Aを販売する予定であるにもかかわらず，各株主が販売している商品Bについて，株主間で販売地域や販売方法に制限を課すなど）は，通常は合弁事業とは無関係であると考えられ，競争法に抵触するおそれがある。また，合弁会社と株主との間で販売地域を棲み分ける行為（合弁会社は西日本，株主Aは東日本，株主Bは中日本のみにおいて商品Aを販売する義務を課すなど）も，合弁事業を機能させるために必要かつ相当な制限であるとはいえない場合も十分考えられ，違法な市場分割カルテルであると評価されるおそれがある。

　競争法上のカルテル規制に違反した場合，国・地域によっては違反事業者グループの世界売上高の10％を上限とする高額な制裁金を課される可能性もあるので，特に競争事業者間の株主間契約において競争を制限する可能性のある踏み込んだ規定を設ける場合には，競争法を専門とする弁護士に相談することも含めて慎重な検討が必要である。

---

8 資金調達（追加出資義務の有無を含む）

> 第●条（資金調達）
> 1．本会社は，その事業に必要な資金を，原則として自ら調達する。但し，本会社による資金調達が困難な場合，両株主は，必要に応じて，対応について誠実に協議する。
> 2．前項但書の協議に基づき，株主が追加出資を行うこととなった場合には，当該追加出資は，原則として当該追加出資の直前時点における各株主の出資比率に応じてそれぞれ行う。

　合弁会社の事業に必要な資金については，合弁会社の組成の段階で必要金額が合弁会社に拠出されることも多いところであるが，その後の事業活動に伴い，追加の資金が必要となることも少なからずある。その場合の資金調達の方法としては，合弁会社自身が金融機関から借り入れる等して外部から調達する方法と株主が合弁会社に資金を提供する方法がある。

　株主としては，契約上の義務として合弁会社に追加の出資義務を負うことを避けたいと考えることが多く，とりわけ，合弁会社の経営への関与が小さくなりがちな少数株主にとっては，追加出資義務を負うことに抵抗感が強い

ことが多い。

　したがって，合弁会社が手元資金を使うことを原則として確認した上で，追加の資金が必要になった場合には，第三者からの資金調達（基本的には金融機関からの借入れが想定される）を行う旨を株主間契約に定めることも珍しくない。

　ただし，実際には，合弁会社が単体で金融機関から借入れをすることは容易でないことも多く，親会社としての株主が保証を求められ，結局は多数株主が単独で，あるいは両株主において持株比率に応じて保証債務を負担せざるを得ないこともあるし，両株主が出資や貸付けを行うことになる場合も少なくない。

　仮に合弁会社が自ら金融機関から資金を調達することを原則として規定していたとしても，現実に合弁会社が資金繰りに窮する状況になった場合には，その都度協議して対応を決めることになることも多いと思われる。

　一方，合弁会社が第三者から出資を受けることによって資金調達を行うことも可能ではあるが，この場合，合弁会社に新たな株主が生ずることになり，従前とは異なる利害関係が発生することから，株主間契約の修正や新株主の当事者としての追加等が必要になる可能性が高い。

　最終的にIPOを目指している合弁会社であればベンチャーキャピタル等から出資を受けることにより資金調達を行うこともありうるところであるが，そうでなければ，当初から株主間契約において第三者からの出資を想定した条項を定めることは希であろう。

　株主が合弁会社に資金を提供する手法としては，普通株式，無議決権の優先株式，ローン，社債など様々な方法が考えられる。普通株式による場合には，株主間で持株比率に応じた比率（プロラタ）で引き受けない限り持分割合に変動を生じさせることになるし，無議決権優先株式の場合も普通株式に

転換可能なものであれば同様である。資金の供出がプロラタにならないにもかかわらず，合弁会社の議決権比率に変動を生じさせないことを指向する場合には，ローン，社債等のデット性の資金調達方法又は無議決権で普通株式に転換できない種類株式を利用することになろう。

　合弁会社の資金調達については，少数株主に拒否権が与えられていることもある。合弁会社に資金ニーズがある場面において資金調達について少数株主が拒否した場合には，合弁会社の成長が阻害されたり，ひどい場合には倒産のリスクが生じたりすることもあることから，多数株主が単独の判断で資金を合弁会社に提供し，合弁会社の事業を継続させることができるようにするための条項が置かれることもある。

　この場合，多数株主が増資をするのかローンで拠出するかはケースバイケースであるが，増資の場合には少数株主に持株比率に応じた新株引受権（pre-emptive right）が認められることも多い。

　なお，株主から合弁会社への貸付けについても貸金業法上の問題は生じるが，一定の条件（合弁会社の議決権を20％以上保有していること及び合弁会社の他のすべての株主が同意していること）を満たした株主からの合弁会社への貸付けについては貸金業法の適用除外とされている（同法施行令1条の2第6号ロ，同法施行規則1条5項）。

9 配当方針

第●条（配当）

1. 各株主は，特定の事業年度において別途合意しない限り，本会社をして，各事業年度につき，税引後利益の●％（但し，本会社の分配可能額がこれに不足する場合には分配可能額を上限とし，不足分は次年

度以降に繰り越さない。）に相当する金額を剰余金として配当させる。
2．前項の規定にかかわらず，本会社の財務状況が大幅に悪化した場合
　には，両株主は本会社による剰余金の配当額について協議するものと
　し，株主間で別途合意された金額を当該事業年度における剰余金の配
　当額とする。

　合弁会社における配当は，合弁会社における利益を株主間で分配するとい
う意味を有する。外国法においては，株式の保有割合と配当割合を異なるも
のとして定めることを認めるものもあるが，日本法上は，同一の種類の株式
には同額の配当しか支払えないため[2]，合弁会社が普通株式のみを発行してい
る場合には，株主間の配当割合は株式の保有割合と同一となる[3]。
　株主間契約において定めることができるのは，配当に関する意思決定の方
法（少数株主に拒否権を与えるか否か）に加えてその金額ということになる
が，適切な配当の金額はその時点における分配可能額や事業に必要な資金な
ど将来の事情に大きく左右される問題であることから，現実的には，あらか
じめ配当の金額を具体的に合意することは難しく，仮に一定の配当を行う要
請が強い場合であっても，その決定方針について合意するにとどまるのが通

2　会社法454条3項。
3　なお，属人的定め（会社法109条2項）による方法で，一部の株主について，
　議決権や剰余金の配当を制限する定めを定款に設けることも考えられるが，か
　かる属人的定めについても株主平等原則の趣旨による規制が及ぶとする裁判例
　もあり，「差別的取扱いが合理的な理由に基づかず，その目的において正当性を
　欠いているような場合や，特定の株主の基本的な権利を実質的に奪うものであ
　るなど，当該株主に対する差別的取扱いが手段の必要性や相当性を欠くような
　場合」には定款変更が無効であると判示するものがある（東京地判平成25年9
　月25日）。この裁判例の事案は，敵対的な少数株主の影響力を排除する目的で，
　当該少数株主の議決権及び剰余金の配当を受ける権利を他の株主に比して著し
　く制限するような定款変更を無効としたものであり，合弁組成時に株主間にお
　いて合意された事項についてどの程度当てはまるものであるか不明確であるが，
　属人的定めを置く場合には，一定の留意が必要であろう。

常である。

　配当方針に関する定めもケースバイケースであるが，例えば，会社法上認められる分配可能額の範囲で最大限の配当を行うとするもの，利益の一定額を配当するとするもの，事業計画等を参照し事業に必要な一定資金のみを留保し，残りの額を配当するとするものなど様々な定め方が見られる。

　また，事前に合意した方針どおりに配当できない場合に備える規定として，サンプル条項のように問題が生じた場合に協議する旨の規定を置く場合もあれば，配当方針を規定しつつも具体的な配当額については都度株主間で協議の上決定するとするものもある。

　合弁会社が稼いだ利益を配当に回すのか，あるいは合弁会社の事業に再投資するかは，株主間で意見が異なりうるものであるから，株主間契約の締結の段階において，合弁会社の将来像についてきちんと協議をしておくことが重要であろう。

10 会計・決算

第●条（会計）
1．本会社の事業年度は，毎年4月1日から翌年3月末日までとする。
2．本会社の監査法人は，株主総会決議で選任又は変更されるものとし，本契約締結日における監査法人は●●監査法人とする。
3．本会社が採用する会計方針は，●とする。
4．各株主は，本会社の会計帳簿，財務諸表その他一切の財務情報について，いつでも当該株主の費用をもって監査を行うことができる。

　本項は，合弁会社の事業年度，監査法人，会計基準，決算のプロセスなど

を定めるものである。51：49の合弁の場合には，合弁会社は多数株主の子会社となるのが通常であり，それゆえ，事業年度や監査法人は，多数株主のものに合わせることが多い。合弁会社が独自に決算手続を行う場合には，各株主が監査権を有することになるが，多数株主が決算手続を主導する場合には，少数株主のみに監査権が認められる形になる場合もある。

[11] 株主に対する情報提供

第●条（報告事項）
各株主は，本会社をして，本会社に関する下記の事項について，本会社から各株主に対して報告させる。
(1)　資本金の額又は準備金の額の減少
(2)　剰余金の配当及び自己株式の取得
(3)　中長期の事業計画の承認（その変更も含む。）
(4)　年次事業計画又は年次予算の承認（その変更も含む。）
(5)　月次予算及び月次予算の策定（その変更を含む。）
(6)　業績見込み
(7)　事業報告及び計算書類の承認
(8)　監査法人による監査報告書
(9)　納税申告書
(10)　借入れ，社債の発行，その他類似の金融債務の負担（但し，事業計画又は資金計画に定める額を超えるもの，１件当たり●円以上のもの，又は１四半期において合計●円以上となるものに限る。）
(11)　第三者への投資，第三者の持分の取得若しくは処分（但し，事業計画又は資金計画に定める額を超えるもの，１件当たり●円以上のもの，又は１四半期において合計●円以上となるものに限る。）

⑿　第三者への貸付け，保証の提供その他の与信の供与（但し，事業
計画又は資金計画に定める額を超えるもの，1件当たり●円以上の
もの，又は1四半期において合計●円以上となるものに限る。）

⒀　設備投資，又は重要な資産の売却（但し，事業計画又は資金計画
に定める額を超えるもの，1件当たり●円以上のもの，又は1四半
期において合計●円以上となるものに限る。）

⒁　本会社の重要な内部規則・人事制度の制定，改定又は廃止

⒂　1件当たり●円以上の訴訟その他の法的手続（但し，通常の業務
範囲に属するものは除く。）の開始及びその重要な方針の決定

　合弁会社から株主への情報提供を定める条項で，サンプルのように財務に
関する事項を中心に広範な内容が定められることも少なくない。株主の連結
決算や子会社・関連会社の管理の関係で特定の情報についてタイムリーな情
報提供が必要となる場合には，該当する情報の開示のタイミングについても
細かく規定されることもある。

　各株主が合弁会社に取締役を派遣している場合には，当該取締役が参加す
る取締役会における決議事項・報告事項を通じて合弁会社の経営状態を把握
することも可能であるが，合弁会社の取締役も合弁会社に対して善管注意義
務を負っているため，合弁会社の取締役会で知った事項をそのまま株主に伝
えられるとは限らないことに注意が必要である（合弁会社の取締役の善管注
意義務については本編第2章②(5)も参照されたい）。

　株主間契約においてこのような規定を設けておけば，少なくとも当該規定
に基づく情報の授受については契約に基づくものとして，取締役の善管注意
義務の問題を惹起しないことになる。

　また，競業する者同士による合弁会社の場合，競争法上の観点から，合弁

会社の情報を株主に提供することに制限を受ける場合がある。例えば，合弁会社の情報を取得すると相手方株主の合弁会社の事業以外の事業の受注情報が分かってしまうような場合などがこれにあたる。このような場合には，競争法上問題となりうる情報については事前に別途の取扱いをする旨を株主間契約に定めることもある。

12 法令遵守

第●条（法令遵守）

　各株主は，本契約の有効期間中，(i)本会社及びにその役職員等に適用のある法令等及び司法・行政機関等の判断等を本会社及びその役職員等をして重要な点において遵守させ，(ii)自らが遂行する事業において法令等（私的独占の禁止及び公正取引の確保に関する法律，不正競争防止法並びに腐敗行為防止及び贈賄行為防止に関する法令等を含むがこれらに限られない。）及び司法・行政機関等の判断等への重大な違反行為その他各株主の社会的信用を棄損する行為を行った場合若しくはそのおそれがある場合又は司法・行政機関等によるかかる違反に関する調査を受けた場合には，その旨を相手方株主に対し書面にて通知するとともに，その対応について，相手方株主の社会的信用を棄損することのないよう相手方株主と誠実に協議する。

　近年，企業活動において，国際的なカルテルが問題となり，あるいは米国海外腐敗防止法（Foreign Corrupt Practices Act（FCPA））の違反により，当局に対して巨額の罰金を支払わなければならない事例が見られ，合弁会社がそのような違法な活動の主体となったケースも皆無ではない。

　こうしたコンプライアンス意識の高まりを受けて，各企業が締結する契約

に法令遵守を意識した条項が追加されることが増えてきているが，株主間契約においても，合弁会社の運営が法令を遵守して行われるものであることを確認する定めが置かれることがある。

　なお，合弁会社が法令を遵守して事業を運営するためには，このような条項を定めるだけでなく，合弁会社自身にコンプライアンスを確保するシステムを確立する必要があろう。

第4章

株式の譲渡に関する条項

1 第三者への譲渡

(1) 譲渡禁止の定め

第●条（譲渡禁止）

　各株主は，次条に定める場合を除き，相手方株主の事前の書面による承認がない限り，その保有する本会社株式の譲渡・担保提供その他の方法による処分を行うことができない。但し，本契約の効力発生日から●年間（以下「譲渡等禁止期間」という。）経過後においては，以下の本契約第●章の規定に従う場合に限り，本会社株式の譲渡を行うことができる。

第●条（許容譲受人）

1．各株主は，譲渡禁止期間の満了前後を問わず，その保有する本会社株式の全部又は一部を自らの関係者に対して譲渡することができる（以下「許容譲渡」という。）。但し，本会社株式を譲り受けた当該株主の関係者が当該株主の関係者ではなくなった場合には，当該関係者は，その保有する本会社株式の全てを当該株主（又は当該株主のその

　他の関係者）に譲渡しなければならず，当該株主は当該関係者をして
　譲渡させる。
2．前項に基づく本会社株式の譲受人（以下「許容譲受人」という。）
　は，許容譲受人が本契約の当事者となり拘束されることについて，相
　手方株主に対して確認書を提出するものとし，当該相手方株主がかか
　る確認書を受領するまでは，前項に基づく本会社株式の譲渡を行って
　はならない。なお，本会社株式が許容譲受人に対して譲渡されたとし
　ても，かかる許容譲渡の譲渡人は，本契約に基づく義務又は責任から
　免れるものではなく，当該譲渡人は本契約に基づき生じた許容譲渡人
　による債務を連帯して保証する。

　合弁会社については，株主により人材や技術などが提供され，また，株主
自身が合弁会社にとって重要な取引先となる（商流の一部をなす）ことも多
く，双方の株主にとって相手方株主の個性が重要である場合が多い。

　このため，原則として株主の変動を認めない形になっており，相手方株主
による事前の同意がない限り，株主による株式譲渡が禁止されることが多い。

　もっとも，当事者が株主の他のグループ会社に変更することは問題がない
こともあるため，グループ会社への譲渡は許容されることもある。

　なお，ここにいう譲渡には，株式の単純な売却のほか，担保設定などを含
めることも多い。金融機関その他第三者が合弁会社の株式に担保設定をした
場合には，かかる担保が実行されると全くの第三者が合弁会社の株主となる
可能性があり，他の株主にとっては，相手方に合弁会社の株式の譲渡を認め
たに等しい結果になってしまうためである。

　また，ここにいう譲渡に会社分割が含まれるかも問題となる場合がある。
日本法上は，会社分割は包括承継と考えられているため，単に「譲渡」との

み記載されている場合には，会社分割は含まれないという考え方もありうるところである。

　一方，「その他の方法による処分」には会社分割による承継も含まれると解するのが合理的であろう。相手方株主が会社分割により株式を承継することが許容できない場合には，その点を明確にした文言にすることが望ましい。

　上記のとおり，相手方株主が何者であるかは，合弁会社にとって重要な事項ではあるが，一定期間経過後には，合弁会社の運営について株主の関与が小さくなることもあり，また，株主としても投下資本の回収のために，合弁会社の株式を処分したいというニーズがある。このため，一定期間経過後については，譲渡制限が解除されることもある。

　もっとも，その場合でも，株主が自由に第三者に合弁会社の株式を譲渡すると，合弁会社の株主として残る当事者にとって不測の事態を招きかねないため，一定期間経過後であっても，株主間契約に定める一定の手続（後述する先買権などの手続）に従ってのみ譲渡を許容されることが多い。

　株主間契約における譲渡禁止規定と会社法に基づく定款上の株式譲渡制限との関係については，第1編第3章③を参照されたい。定款上の株式譲渡制限は完全な制限にはなりえないことから，取締役会の多数を占めることができる多数派株主にとっても株主間契約において譲渡禁止を明記することの意義は大きいと言える。

(2)　先買権

> 第●条（株式の譲渡）
> 　各株主は，譲渡等禁止期間満了後は，本契約に別段の定めがない限り，本条に定める手続によってのみ，その保有する本会社株式の全部又は一部を譲渡することができる。

(1)　株主（以下，本条において「譲渡希望当事者」という。）は，その保有する本会社株式の全部又は一部（以下，本条において「譲渡対象株式」という。）の譲渡を希望する場合，譲渡等禁止期間満了後，①かかる株式譲渡の意向，②その主要な条件（希望譲渡日及び譲渡希望価格を含む。）及び③候補となる譲受人（以下「候補譲受人」という。）を希望譲渡日の少なくとも30日以上前までに相手方株主（以下，本条において「先買権当事者」という。）に対して通知する（以下，かかる通知を「譲渡意向通知」という。）。

(2)　先買権当事者は，譲渡意向通知受領後30日以内に譲渡希望当事者に対してその旨書面で通知することにより，譲渡意向通知に記載された条件で譲渡対象株式を買い取ることができる。譲渡希望当事者は，先買権当事者からかかる通知を受領した場合，譲渡対象株式を譲渡意向通知に記載された条件で直ちに先買権当事者に対して譲渡する。

(3)　先買権当事者が譲渡意向通知受領後30日以内に前号に定める対象株式を買い取る旨の通知を行わなかった場合，譲渡希望当事者は，譲渡対象株式の全てを候補譲受人に対して譲渡意向通知記載の条件で譲渡する。

　相手方株主が合弁会社の株式を第三者に譲渡することを希望した場合に，当該株式を他の株主が同条件で取得することができる条項が定められることがあり，この権利は一般的に先買権（right of first refusal又はfirst refusal right）と呼ばれている。

　これは，譲渡を希望する株主にはその手段を与えつつ，他方株主に対しては，当該譲渡を受け入れて買主である新しい株主との間で合弁会社を継続するか，又は自らが買い取ることによって，新しい株主の登場を防ぐ（相手方

の保有する全株式が対象であれば，すべて買い取って100％子会社にする）
かという２つの選択肢を与えるものである。

　買主候補からすると，コストをかけてデューデリジェンス等を行ったにも
かかわらず提案した価格が合理的であれば現株主に買い取られてしまうリス
クがある仕組みであり，そもそも売却を希望する株主が買主候補を見つけづ
らい構造になっていることから，PEファンドのように一定の期間内に必ず
譲渡等によって投資を回収（エグジット）しなければならない株主としては
採用しづらい仕組みであるが，事業会社同士の合弁会社のように相手方当事
者である株主の性格や相性が非常に重要な取組みにおいては，株主に一定の
離脱の自由を与えつつ新株主の性格につき一定のコントロールを有するとい
う観点から合理性があり，比較的多くの合弁会社における株主間契約で採用
されている条項である。

　先買権等の対象については，株主が保有する株式の全部のみとするか，一
部を認めるかも論点となりうる。一部譲渡を認めた場合，先買権株主が当該
譲渡対象株式を取得しない場合には，譲渡希望株主が合弁会社の株主として
残りつつ，新たに第三者が合弁会社の当事者になるため，当初の株主間契約
では想定しない状況となってしまう。
　このため，そもそもそのような複雑な状況を回避するために，譲渡希望株
主がその保有する合弁会社株式の一部のみを譲渡することを禁止することも
多い。
　他方で，一部譲渡を認める場合には，既存の株主と第三者との三者間で新
たな株主間契約が締結されることを前提条件とすることもある。ただし，こ
の場合，譲渡希望当事者及び第三者としては，どのような条件であれば，他
の株主が株主間契約の内容に合意するか不明であり，不透明性が高まること
から，譲渡実現のハードルは高くなることになる。

(3)　その他の優先買取権・優先交渉権

　先買権に類似又は関連する優先買取・優先交渉に関する権利として，「right of first offer」，「first look」，「last look」といった権利が株主間契約においては議論され規定されることがあるが，これらの用語は実務では多用される一方で，必ずしも一義的な意味を持たず，人によって異なる意味合いで使用している可能性があるので注意が必要である。それはすなわち，これらの権利の内容を一義的に定めることが不可能又は困難であるということを意味しているが，実務上比較的多くの場合に用いられている用法に従って概説すれば，以下のような権利である。

right of first offer	譲渡を希望する株主がいる場合に，他方株主が買取りのオファーをする権利を有し，譲渡希望株主が当該オファーを受けるか否かの選択権を有する場合
first look	譲渡を希望する株主がいる場合に，具体的な買主候補との協議が開始される前に他方株主が買取りの提案等をする権利
last look	譲渡を希望する株主が具体的な買主候補との協議を終了した後に，他方株主が買取りの提案等をする権利

　last lookは先買権と類似するが，必ずしも同一とは限らない。last lookの場合には，終了した買主候補との条件を提示されるとは限らず，独自に提案を出す権利のみを有している（その結果，譲渡を希望する株主が最後に提案を受けるか否かを選択できる）ような仕組みを含みうるからである。

　また，right of first offerとfirst lookは類似するようにも見えるが，right of first offerがlast lookである場合もありうる。極論すれば，協議開始前にも協議終了後にも提案する権利が付与されることにより，first lookかつlast lookのあるright of first offer も設計可能である。

　さらに，right of first offerについては，出された提案に対して譲渡希望株主がどの程度拘束されるかによって色々なバリエーションがありうる。

　このようにビジネス上用いられる用語の定義がはっきりしないこともあり，当事者間の合意内容を契約に落とし込むにあたっては，具体的に想定されている手続を確認しながら慎重に規定する必要があることになる。

⑷　共同売却請求権（tag-along right）と強制売却請求権（drag-along right）

第●条（株主Yの共同売却請求権）

　株主Xが第●条【注：株式譲渡に関する規定】に従ってその保有する本会社株式の全部又は一部を候補譲受人に対して譲渡することを希望する場合は，当該譲渡に際して，株主Yは，株主Xに対して，その時点で株主Yが保有する本会社株式のうち，株主Xの保有する株式数のうち譲渡希望対象となった株式数の占める比率に応じた数の本会社株式（1株未満は切り捨てるものとし，以下「株主Y売却希望株式」という。）を，株主Xと同一の価額で候補譲受人に譲渡することを請求する権利（以下「共同売却請求権」という。）を有する。共同売却請求権の行使は以下の手続に従い行われる。

　⑴　株主Yは，共同売却請求権を行使する場合には，譲渡意向通知受領後，30日以内に，株主Xに共同売却請求権を行使する旨の書面による通知（以下「共同売却請求権行使通知」という。）を行う。

　⑵　株主Yが共同売却請求権行使通知を行った場合には，株主Xは，自らによる譲渡と同一の条件により，候補譲受人に対して，譲渡対象株式と一括して，株主Y売却希望株式の全てを譲渡することができるよう合理的な範囲内で最大限の努力をする。

　⑶　前号にかかわらず，候補譲受人が，譲渡対象株式及び株主Y売却希望株式の一部のみの買取りを希望する場合には，株主X及び株主Yは，その時点で保有する本会社株式の保有割合に応じて按分してそれぞれの保有する本会社株式の一部を売却すること（以下「按分

　共同売却」という。）ができる。

第●条（株主Xの強制売却請求権）

1．株主Xが第●条【注：株式譲渡に関する規定】に従ってその保有する本会社株式の全部を候補譲受人に対して譲渡することを希望する場合には，当該譲渡に際して，株主Xはその裁量により，株主Yに対して，株主Yが保有する本会社株式の全部（以下「株主Y保有株式」という。）を株主Xと同一の条件で候補譲受人に売却するよう請求する権利（以下「強制売却請求権」という。）を有する。強制売却請求権の行使は以下の手続に従い行われる。

2．株主Xは，株主Yに対して，譲渡意向通知と併せて強制売却権の行使をする旨の通知（以下「強制売却請求権行使通知」という。）を行う。

3．強制売却請求権行使通知を受領した場合，株主Yは，株主Y保有株式を，株主Xによる譲渡と同一の条件により，株主Xの指示するところに従い，候補譲受人に売却する。

①　概　要

　合弁会社の多数株主が自らの株式を第三者に譲渡する場合，少数株主も同時に株式を当該第三者に譲渡することを希望する場合がある。

　これは，多数株主による合弁会社株式の譲渡においては，支配権の異動を伴うコントロール・プレミアムのあるより高額の譲渡が期待されるのに対して，少数株主による合弁会社株式の譲渡においては，コントロール・プレミアムはないところ，少数株主の観点からは，多数株主がコントロール・プレミアムのあるより高い価格で株式譲渡をする際に，同一の経済条件で自らの保有する株式を譲渡できるようにしておく方が，経済的に有利であるためで

ある。海外ではかかる権利はtag-along rightと呼ばれ，日本語では，定まった用語はないものの，共同売却請求権などと呼ばれることが多い。

　また，多数株主が自らの株式を第三者に譲渡する場合に，少数株主の保有する合弁会社株式についても譲渡することを強制する条項が定められることもある。これは，なるべく多数の株式を取得したい（特に，できれば100％の株式を取得したい）という買主の希望に応えることを可能にすることによって，売却可能性を上げると同時に売却価格も増加させるという点で多数株主にメリットがある。コントロール・プレミアムを含む高い売却価格を享受できるという点においては少数株主にとってもメリットがあるが，売却せずに株主として残りたい場合にも売却を強制されてしまう点は受け入れがたい場合もありうるであろう。

　海外ではかかる権利はdrag-along rightと呼ばれるが，とりわけファンドが当事者となるような株主間契約においてはdrag-along rightが規定されることが多い（詳細は第3編第2章①(2)⑥参照）。日本語では，定まった用語はないものの，強制売却請求権などと呼ばれることが多い。

②　手　続

　先買権，tag-along right，drag-along rightは同時に規定されることも多く，その場合，手続は複雑になる。先買権，tag-along right，drag-along rightが同時に定められた場合の手続については，以下のような形で定められることが多いと思われる。

図表2-4-1 **株主Xが第三者Aに株式を譲渡するケース**

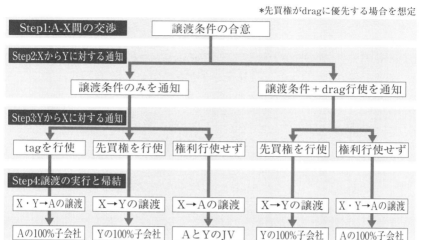

③　同一の条件

　譲渡希望株主と第三者の間では株式譲渡の条件について交渉が行われ，前提条件，表明及び保証，誓約事項，補償など，詳細な条件が定められることも多い。

　株主間契約において単に「譲渡希望株主が譲渡するのと同一の条件にて」などと定められている場合には，tag-along rightを行使した株主，あるいはdrag-along rightを行使された株主も，譲渡希望株主が第三者との間で合意したこうした詳細な条件に拘束されるのが原則であろう。もっとも，譲渡希望株主が多数株主であるような場合に，合弁会社の事業運営に主体的に関わってきた多数株主の立場からは，詳細な表明保証をし，表明保証違反について補償義務を負う，さらには，特定の事項について特別補償の責任を負うということが合理的としても，tag-along rightやdrag-along rightにより株式を譲渡する少数株主が同様の義務を負うことの合理性については議論がありうる。

このため，少数株主がこれらの義務を負うべきでない事情があるような場合には，株主間契約において，tag-along rightを行使した株主，あるいはdrag-along rightを行使された株主が譲渡する条件をあらかじめ株主間契約に添付したり（この場合，比較的シンプルな株式譲渡契約のフォームが添付されることが多い），株主間契約において，株式を適法に保有していることなど極めて基礎的な表明保証のみを行い，その他の補償義務等を負わない旨が明記されることもある。

④　譲渡希望株主による一部譲渡が認められている場合や第三者がすべての株式の取得をしない場合

譲渡希望株主による一部譲渡が認められている場合には，tag-along rightやdrag-along rightの対象となる株式も一部とし，具体的には，譲渡希望株主が保有する株式と今回譲渡しようとする株式の割合と同一の割合の株式数のみを対象とする扱いが多いと思われる。もっとも，事案によっては，第三者への譲渡によるエグジットに優先順位をつけ，ある株主が他の株主よりも先に譲渡することを可能とする内容となることもある。

tag-along rightが行使された場合，第三者がtag-along rightの対象とされた株式数まで取得することを希望しないことがありうる。

他方で，drag-along rightの場合には，理論的には同様の事態が生じうるものの，現実には，事前に譲渡希望株主と第三者との間でdrag-along rightを行使するかどうかの協議が行われていることが多いと思われ，drag-along rightが行使されたにもかかわらず，第三者がdrag-along rightの対象となった株式について取得を拒むことは通常はないであろう。

第三者がかかる株式の取得を拒んだ場合には，第三者が取得を希望する株式数の範囲で，譲渡希望株主とtag-along rightを行使した株主がプロラタで譲渡できると定めることが多い（例えば，譲渡希望株主が80株，tag-along rightの行使対象が20株で，第三者が80株の取得しか希望しない場合には，譲渡希望株主が譲渡できる株式数は64株，他の株主が譲渡できる株式数は16株となる）。

　この場合，両株主とともに第三者も新たに合弁会社の株主となるため，株主間契約が想定している状況から大きく乖離することになるため，とりわけ，かかる譲渡によって少数株主となる株主にとっては，新たに第三者との間で株主間契約を締結することが望ましい。

2 株主間の譲渡（コールオプション・プットオプション）

第●条（コールオプション）
1．各株主は，相手方株主が以下の各号の事由（以下「コールオプション事由」という。）に該当する場合，相手方株主が保有する本会社株式の全部（以下「コールオプション対象株式」という。）を，払込金額（株式分割等により調整が必要な場合には合理的な調整が行われた額）又は公正価格のいずれか低い価格（第1号の事由に該当する場合は，当該金額に●【注：1を下回ることが多い】を乗じて算出される価格）（以下「コールオプション株式価額」という。）で，自ら又は指定する第三者に対して，売り渡すことを請求する権利（以下「コールオプション」という。）を有する。
　(1)　相手方株主が本契約上の重大な義務又は本契約に基づき相手方株主と本会社との間で締結される関連契約上の重大な義務に違反し，書面によりその是正を求められたにもかかわらず2週間以内に当該違反状態を是正しない場合
　(2)　相手方株主が倒産手続等の開始の申立てをした場合又はそれらの申立てを受けた場合（但し，正当な理由のない申立てを受けた場合は除く。）

(3)　株主の異動等により相手方株主における支配権の変動があった場合

2．各株主がコールオプションを行使する場合は，コールオプションを行使する株主（以下「コールオプション行使当事者」という。）は相手方株主に対して，コールオプション事由の発生から90日以内（以下「コールオプション行使期間」という。）にその旨の通知（以下「コールオプション行使通知」という。）を行うものとし，コールオプション行使期間内にコールオプション行使通知が送付されない場合には，当該コールオプション事由に係るコールオプションは失効する。

3．前項に基づきコールオプション行使通知が送付された場合，相手方株主にコールオプション行使通知が到達した日から30日後の日（但し，同日が営業日でない場合にはその翌営業日）又は両株主が別途合意する日を実行日（以下「コールオプション実行日」という。）として，コールオプション行使当事者は，相手方株主に対してコールオプション対象株式の数にコールオプション株式価額を乗じて得られる金額を，コールオプション対象株式の譲受けの対価として支払い，相手方株主はコールオプション行使当事者又は指定する第三者に対して，当該対価の受領と引き換えに，コールオプション対象株式を譲渡する。

4．コールオプションの行使は，コールオプション行使当事者又は本会社による損害賠償請求権の行使を妨げるものではない。

第●条（プットオプション）

1．各株主は，相手方株主が本契約上の重大な義務又は本契約に基づき相手方株主と本会社との間で締結される関連契約上の重大な義務に違反し，書面によりその是正を求められたにもかかわらず2週間以内に

当該違反状態を是正しない場合（以下「プットオプション事由」という。），自らが保有する本会社株式の全部（以下「プットオプション対象株式」という。）を，払込金額（株式分割等により調整が必要な場合には合理的な調整が行われた額）又は公正価格のいずれか高い価格に●【注：1を上回ることが多い】を乗じて算出される価格（以下「プットオプション株式価額」という。）で，相手方株主に対して，買い取ることを請求する権利（以下「プットオプション」という。）を有する。

2．各株主がプットオプションを行使する場合は，プットオプションを行使する株主（以下「プットオプション行使当事者」という。）は相手方株主に対して，プットオプション事由の発生から90日以内（以下「プットオプション行使期間」という。）にその旨の通知（以下「プットオプション行使通知」という。）を行うものとし，プットオプション行使期間内にプットオプション行使通知が送付されない場合には，当該プットオプション事由に係るプットオプションは失効する。

3．前項に基づきプットオプション行使通知が送付された場合，相手方株主にプットオプション行使通知が到達した日から30日後の日（但し，同日が営業日でない場合にはその翌営業日）又は両株主が別途合意する日を実行日（以下「プットオプション実行日」という。）として，相手方株主は，プットオプション行使当事者に対して，プットオプション対象株式の数にプットオプション株式価額を乗じて得られる金額を，プットオプション対象株式の譲受けの対価として支払い，プットオプション行使当事者は相手方株主に対して，当該対価の受領と引き換えに，プットオプション対象株式を譲渡する。

4．プットオプションの行使は，プットオプション行使株主による損害賠償請求権の行使を妨げるものではない。

(1)　概　要

　コールオプション（株式買取請求権）は，相手方の保有する株式を取得することができる権利であり，プットプション（株式売却請求権）は，自らの保有する株式を相手方に譲渡することができる権利である。いずれの当事者がコールオプション又はプットオプションを有するかはケースバイケースであるが，コールオプションもプットオプションも，合弁会社における株主間の持分割合を変動させるものであるため，可能性のある様々なシナリオの検討が必要となる。

(2)　コールオプションかプットオプションか

　コールオプションを行使する（あるいは相手方にプットオプションを行使される）と自らの合弁会社における持分比率が増加し，プットプションを行使する（あるいは相手方にコールオプションを行使される）と自らの合弁会社における持分比率が減少することになる。このため，合弁会社におけるコントロールを希望する株主は，自らはコールオプションを有するべきで，相手方にコールオプションを認めるべきではない。

　逆に，合弁会社におけるコントロールを有する必要がない，又は，ゆくゆくは合弁会社から手を引きたいと考えているような場合には，自らはプットオプションを有するべきで，相手方にプットオプションを認めるべきでない。

　実際には，合弁会社の運営は多数株主中心に行われていることが多いこともあり，少数株主はプットプションのみを有し，多数株主はコールオプションのみを有するという形も比較的見かけられる。

(3)　行使事由

　コールオプションやプットオプションの行使事由としては以下のようなものが挙げられる。

①　一定期間経過後に行使可能となるもの

　合弁により事業を運営する期間があらかじめ決まっているケース（例えば，合弁の事業を段階的に相手方に譲渡するようなケース）などにおいては，一定期間経過後にコールオプション・プットプションの行使を認める場合がある。

　そのような場合を除けば，一定期間経過のみを条件としてコールオプションやプットオプションが認められると，権利を行使された相手方に想定外の状況が生じることにもなりかねないため，一定期間経過しさえすればコールオプション・プットオプションが行使可能になるという内容はそれほど多くないものと思われる。

②　相手方の契約違反

　相手方が株主間契約に定める義務に違反した場合に，コールオプション・プットオプションの行使を認めるものである。軽微な違反があったような場合にまでコールオプションやプットオプションの対象とすることはいきすぎであるため，重大な違反があった場合や，一定の治癒期間内に義務違反が是正されなかった場合などに限定されることも多い。

　また，合弁事業においては，株主間契約のみならず，株主間契約に付随する関連契約（典型的には合弁会社と株主の間の契約）も重要な意味を持つことも多く，これらの違反も対象に含める場合もある（合弁会社と株主との間で締結される契約については本編第3章④参照）。

③　相手方の倒産

　相手方に倒産手続等が申し立てられた場合やその他財産状況が著しく悪化したような場合に，コールオプションを定める場合がある（なお，プットオプションについては相手方に資力がない以上プットオプションが適切に機能する場面は少ないものと思われる）。かかる規定の趣旨としては，相手方に

倒産手続等が申し立てられる場合には，相手方の事業継続に重大な疑義が生じている状態であり，当該株主が多数株主であれば合弁会社そのものの運営を適切に行うことが期待できない可能性もあり，仮に少数株主にすぎない場合であっても，例えば少数株主の有する拒否権の判断その他合弁契約上予定されている少数株主のアクションが適時になされない可能性があり，合弁会社の適切な運営に支障を来す可能性があるため，そのような者を合弁会社の株主から除外したいというものである。

　なお，かかる規定の破産法，民事再生法，会社更生法上の有効性[1]及び否認[2]のリスクについては留意が必要である。

1　倒産手続等の申立てを理由とするコールオプションの規定の有効性に関するものではないが，倒産手続等の申立てを理由として相手方が契約を解除することができる旨の条項の有効性について判断した判例（最判昭57年3月30日）では，債権者，株主その他の利害関係人の利害を調整しつつ窮境にある会社の事業の維持更生を図ろうとする会社更生手続の趣旨，目的を害するものとして効力を否定している。事業再生の実務においては，コールオプションが行使された場合であっても，通常は，相手方に相応の対価が支払われることもあり，相手方における倒産手続等の事情が生じた局面であっても，コールオプションの規定の有効性を一律に否定する有力な見解はないと思われるが，例えば，コールオプションを行使すると倒産企業の事業再生が図れないことが明らかな特段の事情がある場合などには，コールオプションの規定の有効性が否定される可能性がある。

2　倒産法制において，債権者に対する配当や弁済を減少させることとなる債務者の行為のうち，一定のものについては，その行為の効力を否定される場合があり（いわゆる否認制度），仮にサンプル条項の文言にあるように適正価格による財産の処分であっても，①財産の隠匿等の処分のおそれ，②債務者における財産の隠匿等の処分の意思，③相手方が②を知っていた場合には，否認の対象となりうる（破産法161条1項，民事再生法127条の2第1項，会社更生法86条の2第1項）。合弁会社を組成する際に，このような事情があることは通常考えられないであろう。もっとも，コールオプションの行使価額が公正価格よりも安価になっている場合には，債務者の財産を減少させるものと考えられる可能性があり，否認されるリスクが相当程度あろう（破産法160条1項1号，民事再生法127条1項1号，会社更生法86条1項1号）。

④　業績悪化を含めJV事業の継続に困難な事情が生じた場合

合弁会社の業績が悪化した場合（例えば，3期連続で赤字となった場合など）や合弁事業の継続に困難な事情が生じた場合にコールオプションやプットオプションが定められる場合がある。

合弁会社組成時点で想定されていた事業環境が大きく変更し，合弁会社として事業を継続することに合理性がなくなったような場合に，一方の株主のもとで事業を継続することを可能とするものである。

なお，コールオプションやプットオプションは合弁を終了させる効果を生じさせうるものであるため，できるだけ客観的な内容を定めておく方が望ましいといえよう。

⑤　相手方に支配権の異動があった場合

相手方が第三者（とりわけ競業他社）に買収されたような場合には，もはや相手方と合弁会社による事業を継続することができなくなる可能性があるため，相手方に支配権の異動があった場合に，コールオプションやプットオプションを行使可能とすることがある。

⑥　デッドロック

デッドロックが生じた場合にコールオプションやプットオプションの行使が可能とされる場合があるが，詳細は，本編第5章②(3)②を参照されたい。

(4)　対象株式の範囲

コールオプション又はプットオプションの対象が自ら又は相手方の保有する合弁会社の株式のすべてを対象とする場合，コールオプション又はプットオプションの行使は，合弁の終了を意味し，いずれか一方の株主の100％子会社となることになる。他方，対象株式を一部とする場合には，合弁自体は継続することになる。

　一部のみを対象とすることを可能とする典型例の一つは，少数株主が多数株主に対してコールオプションを有し，コールオプションの行使により持分比率を逆転させ，多数株主となるようなものがある。もっとも，一部行使により当初の持分比率が変動した場合には，当然に株主間契約の内容も新たな持分比率に応じて変更されるべきであるが，株主間契約の締結時において事前にそのような内容を定めておくことは手間がかかる一方，一部行使の時点で株主間で新たに変動後の持分比率を前提とした株主間契約に合意できるとは限らないこともあり，当初から一部の持分変動が具体的に想定されているようなケースを除けば，一部のみを対象とするコールオプション・プットオプションは，それほど多くない印象である。

(5)　譲渡価格

　コールオプションやプットオプションが行使された場合の譲渡価格については，純資産ベース，投資簿価ベース，第三者評価機関による算定価格によるものなどがあるが，いずれの方法を取るかはケースバイケースである。例えば，少数株主に対して出資額の回収を保証するような案件では，少なくとも投資簿価ベース以上という定めが置かれることもある。また，合弁会社の規模が小さいなど，合弁会社の価値算定に複雑な計算をするまでもないような場合や，合弁会社がコストセンターとなっているような場合には，純資産ベースとされることも多い。もっとも，具体的な譲渡価格やその算定方法に事前に合意をすることが容易でないこともあり，単に第三者評価機関による算定価格とすることも多い。

　なお，契約違反に基づくコールオプションやプットオプションの行使の場合には，違反のペナルティとして，譲渡価格を調整する（コールオプションの場合には譲渡価格から一定割合をディスカウントした価格で取得でき，プットオプションの場合には譲渡価格に一定割合のプレミアムをのせた価格

で譲渡することができる）とすることも多い。本来であれば，契約違反により損害が生じた場合には，別途損害賠償請求をすればよいものではあるが，相手方に株主間契約上の義務に重大な違反があったとしても，自らに生じた損害を立証することは容易ではないため，違約金と同様の趣旨で定められるものである。もっとも，このような定めがある場合には，合弁を解消しようとする当事者に，相手方に株主間契約上の違反がないかをあら探しするインセンティブを生じさせるため注意も必要である。

　また，相手方株主の支配権の変動がコールオプションやプットオプションの行使事由となる場合，そのような支配権の変動は相手方自身もコントロールしえない事情であることもある。そのような場合の譲渡価格を，相手方が契約違反をした場合と同じペナルティの要素を含む額とすることは合理性を欠くとの考えから，行使事由に応じて譲渡価格を分けて設定する場合もある。

第5章

契約の終了に関する条項
（デッドロックの解消を含む）

1 概　要

　株主間契約は，合弁会社の事業運営やガバナンスについて定めるものであることから，ある程度長期間にわたって存続することが前提とされているが，一定の場合には株主間契約が終了することが株主間契約において規定される。

第●条（契約の終了）

　本契約は，以下の各号のいずれかの事由が生じた場合に終了する。

(1)　両株主が書面により本契約の終了について合意したとき。

(2)　本契約が解除されたとき。

(3)　いずれかの株主が，本会社の株式を一切保有しなくなったとき。

(4)　株主総会において本会社の解散が決議されたとき。

　株主が株主間契約の終了について合意した場合や合弁会社の清算が決議された場合には，契約上の終了事由として明記されることが多い。また，いず

れかの株主が合弁会社の株式を一切保有しなくなったときも，もはや株主間において株主間契約を存続させる必要性がないことから，株主間契約が当然に終了するものとされることが一般的である。

　その他に，一方の株主に重大な債務不履行が生じた場合，一方の株主について倒産その他信用不安が生じた場合，支配株主の変更が生じた場合等が株主間契約の解除事由として規定されることがあり，かかる解除事由が生じ，いずれかの株主により株主間契約が解除されることによっても，株主間契約は終了する[1]。

　また，株主間契約締結後において合弁会社の設立・組成や事業開始のための準備が想定されている場合において，一定の時期までに合弁会社の設立・組成が実行されなかった場合や合弁会社が事業を開始するために必要となる重要な許認可が取得されなかったときに，株主による株主間契約の解除を認める旨規定されることもある。

　M&A取引の株式譲渡契約においては，一定の時期（long-stop dateとも言われる）までに株式譲渡が実行されなかった場合における契約解除の規定を設けることがあるが，これとパラレルの規定であり，合弁会社の設立・組成や事業開始がなされないままいつまでも株主が株主間契約に拘束される状態から解放するためのメカニズムである。

1　海外で設立される合弁会社にかかる株主間契約においては，設立される国によっては有効期間を定めることがあるが（国によっては合弁会社の定款上，有効期間を定めることが必要とされることもある），日本の合弁会社にかかる株主間契約において有効期間の定めを設けることは珍しい。日本の合弁会社については，定款上は有効期間の定めも不要であり，また，合弁会社の事業の継続性の観点でもあえて有効期間の定めを設ける合理性・意義は乏しい。合弁当事者として一定期間ごとに合弁事業の継続等の見直しをする意向があるのであれば，有効期間を設けるのではなく，そのような見直し協議を一定期間ごとに行う旨の規定を設けることで足りると思われる。

その他の株主間契約が終了する場面の一つとして，合弁会社の事業運営等について株主間で意見が対立し，株主間契約上のデッドロックが生じ，デッドロックの解消のための手続の結果，合弁関係が解消される場合がある。

本章においては，はじめに（株主間契約の終了という効果が生じることがある）デッドロックについて説明したうえで，その他の株主間契約の終了事由の一つである株主間契約の解除事由，また，株主間契約終了の場合の効果や権利義務関係などについて説明をする。

なお，合弁会社が将来的にIPOを行うことが想定される場合には，IPOに伴う株主間契約の解除等の規定が設けられることがあるが，詳細については第3編第2章を参照いただきたい。

２ デッドロック

サンプル条項①：デッドロックが生じた場合の協議規定

第●条（デッドロック）

1．事前承諾事項【注：拒否権の対象となる事項】について本会社の株主総会又は取締役会で承認されない場合であって，いずれかの株主が相手方株主に対してデッドロックが生じた旨（以下「デッドロック事項」という。）を書面で通知したときは，両株主は，相手方株主が当該通知を受領した日から30日の間（以下「本実務者協議期間」という。），両株主の実務者レベルの担当者により，デッドロック事項を解決するために誠実に協議をする。

2．前項に基づく協議にもかかわらず，本実務者協議期間内に，当該デッドロック事項について両株主間で協議が調わなかった場合，本実務者協議期間経過後30日間，両株主のシニアレベルのマネジメントにより，デッドロック事項を解決するために誠実に協議をする。

サンプル条項②：コールオプション・プットオプションを付与するパターン

第●条（デッドロックの解消）

1．デッドロック事項が生じた場合であって，第●条第●項に定める協議を経ても両株主間で当該デッドロック事項についての協議が調わず，かつこれにより本会社の事業運営に重大な支障が生じることが客観的に明確である場合には，(i)株主Ｙは，第●条第●項に定める協議期間の満了日（以下「本協議期間満了日」という。）から●日以内に株主Ｘに対して書面で通知することにより，株主Ｙが保有する本会社株式の全部を株主Ｘが買い取るよう請求することができ，(ii)株主Ｘは，本協議期間満了日から●日以内に株主Ｙに対して書面で通知することにより，株主Ｙが保有する本会社株式の全部を株主Ｘに売り渡すよう請求することができる。両株主のいずれかが本項に基づく請求を行った場合には，株主Ｙは，譲渡価格が決定された後●日以内に，株主Ｙが保有する本会社株式の全部を株主Ｘに売り渡すものとし，株主Ｘはこれを買い受ける。また，本項に基づく本会社株式の譲渡における譲渡価格は，次項の規定に従って計算される価格（以下「デッドロック譲渡公正価格」という。）とする。

2．デッドロック譲渡公正価格は，［本協議期間満了日において確定している直近の決算期末における本会社の貸借対照表から算出される1株当たり純資産額／●●監査法人又は両当事者が第三者評価機関として合意の上選任した監査法人が算定する本協議期間満了日における公正な時価］とする。

---

(1)　概　要

　本編第2章⑤において述べたとおり，株主間契約においては，合弁会社の業務執行等の意思決定のうち一定の事項について，少数株主が拒否権を有す

ることが一般的である。そして，少数株主が拒否権を行使した結果，合弁会社の取締役会や株主総会において提案された事項が否決され，多数株主と少数株主の間で合弁会社の業務執行等をめぐって意見対立が生じることがあるが，このような場面を実務上「デッドロック」と呼ぶことがある。

　意見対立の原因となった事項によっては，意見対立によって合弁会社としての意思決定ができないことで，合弁会社による事業遂行が困難となることもあることから（例えば，合弁会社の事業遂行に必要な資金の金融機関からの借入れについて，少数株主による拒否権が行使されたような場面），合弁会社の事業の安定的な継続を確保するためにも，そのような意見対立が生じた場合の対応方法について，株主間契約で規定しておくことが必要となる。

　なお，合弁会社においてデッドロックが生じるのは，実際には合弁会社が事業を開始してから相当な期間が経過してからであることも想定されるため，デッドロックが発生した時点における合弁会社の事業の内容や状況，事業を取り巻く環境等は，（合弁会社の事業開始前の段階である）株主間契約の作成・交渉を行っているときの前提・想定とは大きく異なっていることがある。

　何をデッドロック事由とするか，デッドロックの処理方法をどのように定めるかを検討するにあたっては，このように株主間契約の作成・交渉時における合弁会社の事業にかかる前提とは大きく異なっている可能性も念頭におくことが重要である。

(2)　デッドロック事由

　上記のとおり，実務上は，合弁会社の取締役会や株主総会において提案された事項が否決され，多数株主と少数株主の間で合弁会社の業務執行等をめぐって意見対立が生じる場面を指して，一般的に「デッドロック」という表現が使われることがあるが，株主間契約においては，そもそもどのような場面を契約上の「デッドロック」（＝デッドロック解消のための措置を講じる

べき場合）に該当するものとするかについて，具体的に検討・交渉されることが多い。

　すなわち，少数株主が拒否権を行使した結果，合弁会社の取締役会や株主総会において提案された事項が否決されたとしても，すべての場面について株主間契約上の「デッドロック」に該当するものとして，デッドロックの解消のための手続・措置を講じる必要はなく，対象となった提案事項の内容によっては，提案事項が否決されたことを踏まえて，合弁会社として当該提案事項に沿った対応をとらないという整理で良いこともある。

　例えば，合弁会社がある契約を締結することについて，当該契約の締結が拒否権の対象である「重要な契約の締結」に該当し，少数株主が拒否権を行使した結果，取締役会において否決されたとしても，（当該契約が締結されなければ合弁会社の事業遂行が困難となるというような特段の事情がない限りは）合弁会社としては当該契約を締結しないという帰結で良く，あえてデッドロックを解消するための特段の手続をとらないという整理も考えられる。

　また，以下の(3)において述べるとおり，デッドロックを解消のための手続において，場合によっては合弁会社の解散等によって合弁関係の解消という効果に至ることもあり，拒否権が行使された場面が広く「デッドロック」に該当するものとすることで，合弁会社の円滑な事業運営や事業の安定性を毀損するおそれもある。

　そのため，拒否権の対象事項がある程度広範にわたる場合や，デッドロックの解消のための手続として，株主間の協議のみならず，最終的には合弁解消等の手続まで想定されている場合には，拒否権の対象事項のうち一定の事項について拒否権が行使された場合に限定をして，「デッドロック」に該当すると規定することも多い。

　かかる限定の方法としては，拒否権の対象事項のうち，特に重要な事項を限定的に列挙したうえで当該事項について拒否権が行使された場合を「デッドロック」に該当すると規定する方法や，「当該事項につき合意が得られないことにより合弁会社に重大な経済的損失が発生し，又は事業遂行に重大な支障となることが合理的に見込まれる場合」等の要件を付加して「デッドロック」に該当するものと規定する方法がある。

　このようなアプローチをとる場合において，具体的にどのような拒否権の対象事項を「デッドロック」に該当する場合として想定するかは，個別の案件に応じてケースバイケースではあるが，一般的に「事業計画・年間予算の承認」などは，これが否決されて決まらないことにより合弁会社の事業運営に支障が生じるものとして想定されることが多い。

　また，直ちに「デッドロック」を生じさせないための工夫として，拒否権の対象事項について拒否権が行使され，取締役会又は株主総会で否決された場合に，一定期間内に同じ議案が再度提出されて，再度否決された場合を「デッドロック」に該当することとする場合もある。

(3)　デッドロックの場合の処理

　株主間契約上のデッドロック事由が生じた場合におけるデッドロックの解消方法をどのように定めるかについては，合弁会社の事業と各株主の事業との関係（合弁会社の事業が株主から独立してスタンドアローンで行われているか否か，合弁会社の事業の各株主の事業における位置づけや重要性など），各株主の株式保有にかかる意向（自ら保有する株式を相手方に譲渡してエグジットすることを志向するか，相手方の株式を買い取って株主として残ることを志向するか，株式保有の意向について株主間で折り合えるか）や相手方株式買取りを実行するための資金力の有無等，個々の合弁会社や株主の事情を踏まえての個別検討・交渉が必要となる。このデッドロックの場合の処理

方法は，株主間契約の交渉において重要なポイントの一つとなることが多い。

①　協　議

　デッドロックの解消のための手続としては，個々の案件に応じて最終的にどのような解消手続を設けるかにかかわらず共通のステップとして，デッドロック解消のための株主間での協議手続を設けることが一般的である。

　サンプル条項①は，このようなデッドロック解消のための協議手続の条項である。かかる協議の手続においては，一次的には，株主間契約に基づいて設けられている株主間協議会や各株主の実務担当者間での一定期間の協議を行ったうえで，そこでも協議が調わなければ，各株主の取締役，執行役員その他シニアマネジメントクラスによるハイレベルな協議手続を定めることが多い（案件によっては，二段階の協議だけではなく，三段階の協議などのエスカレーションプロセスが設けられることもある）。

　これは，デッドロックの解消によって最終的に合弁会社の解散や株主間の株式譲渡等の重大な効果が生じる可能性があることも踏まえて，段階を踏んで協議レベルをエスカレーションさせることで慎重な協議プロセスを設けることを意図している。

　案件によっては，デッドロックの解消のための協議手続を定めるのみとして，一定の協議期間内に協議が調わなかったとしても，さらにデッドロック解消のための手続をとらないこととすることもある。この場合，合弁会社としては，対象となった提案事項については当該提案事項に沿った対応をとらないということになる。

　これに対して，株主間の協議によっても協議が調わなかった場合には，デッドロックを解消できないことを踏まえて合弁関係の解消というドラスティックな措置を講じることもあり，その場合において実務上規定されることが多い処理としては，株主の一方が他方に保有株式をすべて譲渡すること

で合弁関係を解消する方法，及び合弁会社を解散・清算させる方法の2つがある。

　このように合弁関係の解消というドラスティックな措置を講じる旨の規定を設けることで，この点が株主双方にとっての脅威となり，結果的に，前段階の株主によるデッドロック解消のための協議において可能な限りデッドロック解消の解決策を模索する強いインセンティブになるという効果が期待される。

　かかる観点からは，協議が調わなかった場合の次のデッドロック処理のための手続は，「株主双方にとって一定の脅威となるものである」ということが重要となる。

　例えば，多数株主が少数株主の株式を買い取って合弁会社を自らの100％子会社とすることを希望しているようなケースでは，仮に協議が調わなかった場合には最終的に多数株主に少数株主の株式買取請求権が発生するようなデッドロック解消措置が規定されていたとしても多数株主にとってはデッドロックを解消するためのインセンティブはなく，むしろ積極的にデッドロック事由を生じさせるというインセンティブを持ってしまうおそれがあることに注意を要する[2]。

②　株主間での株式譲渡

　デッドロック事由に起因して合弁関係を解消する場合の対応として，一方の株主から他方の株主に対して合弁会社の株式を譲渡することで，合弁会社

---

[2]　かかる観点で，協議によってもデッドロックを解消できない場合において，合弁当事者に対してプットオプション（株式売却請求権）やコールオプション（株式買取請求権）を付与するケースでは，(i)プットオプションが行使されて相手方に自らの株式を譲渡するときには，譲渡価格は公正価格を一定割合ディスカウントした価格とし，(ii)他方で，コールオプションが行使されて相手方が保有する株式の譲渡を受ける場合には，譲渡価格は公正価格に一定割合のプレミアムを加えた価格とすることで，かかるオプションの価値・魅力を減殺するようにすることがある。

を他方の株主の100％子会社とするという処理が規定されることがある。

　かかる株式譲渡による合弁関係の解消は，次の③に述べる合弁会社の解散・清算と比較すると，合弁会社の株主の変動が生じるのみであり，基本的に合弁会社の事業に直接的な影響が生じない点で，実務的には実行しやすい合弁解消の方法ということができる。

　もっとも，いずれの株主が株式を取得するのか，その場合の株式譲渡価格をどのように決めるのかといった点を含めて，株主間での株式譲渡のルールの定め方には様々なバリエーションがあり，この点は株主間契約における交渉上の重要論点となる。

　いずれの株主が株式を譲渡するのかについて株主間であらかじめ合意できるような場合（例えば，株式譲渡の場合には，常に少数株主が多数株主に株式を譲渡することとする場合）には，少数株主に対して株式の譲渡を請求するコールオプション（株式買取請求権）を多数株主に付与し，また，多数株主をして少数株主から株式を買い取らせるプットオプション（株式売却請求権）を少数株主に付与するという処理となる。

　また，その場合の譲渡価格としては，直近の決算期末における合弁会社の貸借対照表から算出される1株当たり純資産額，第三者評価機関が算定する公正な時価，営業利益やEBITDAに一定の倍率（マルチプル）を乗ずることによって計算される金額などの価格が採用されることがあり，複数の方式で算定された価格のうちいずれか高い方といった定め方がされることもある。

　譲渡価格の算定にあたって第三者評価機関を用いる場合については，株主間契約において，「両当事者が第三者評価機関として合意の上選任した監査法人」という記載にしてあらかじめ評価機関を合意しないことも可能であるが，当事者間で選定の合意ができない事態に備えて，あらかじめ株主間契約において，候補となる第三者評価機関を1つあるいは複数記載しておくこと

も多い。

　もっとも，実際に算定を依頼する時点においてコンフリクトによって候補の第三者評価機関に依頼ができないというケースも生じうることに留意が必要である。また，かかる第三者評価機関の費用の負担についても，両当事者で分担するなどあらかじめ規定されることが多い[3]。

　他方で，いずれの株主が株式を譲渡するのかについて株主間であらかじめ合意できない場合には，そもそもいずれの株主が株式を譲渡することとするのかという点を含めて対応できるようなルールが必要となる。

　このような場合に用いられる条項として，テキサスシュートアウト条項やロシアンルーレット条項と呼ばれる条項がある。テキサスシュートアウト条項は，双方の株主が，他方の株主の株式の買取希望価格を提示し，1株当たりの買取価格としてより高い値段をつけた当事者が，その提示した値段で他方当事者の有する株式を購入できるという条項である。

　また，ロシアンルーレット条項は，一方の株主（価格提案当事者）が1株当たりの買取価格を決定し，他方当事者に対して，(i)その買取価格をもって他方当事者の保有する合弁会社株式全部を価格提案当事者に売却するか，(ii)その買取価格をもって価格提案当事者の保有する合弁会社株式全部を買い取るかの選択を迫れるようにするという条項である。

　いずれの方法についても，デッドロックに持ち込まれた場合の最終結果がどう転ぶか不明であるという点で予測がつきづらく，だからこそデッドロックに持ち込むこと自体を各当事者がリスクとして認識するような構造になっ

3　第三者評価機関の利用方法のバリエーションとして，各当事者がそれぞれ第三者評価機関に算定を依頼し，それらの算定結果の平均をとる，あるいは，3社の第三者評価機関を活用して（たとえば，各当事者がそれぞれ選定した第三者評価機関に加えて，これらの第三者評価機関が選定したもう1つの第三者評価機関の3社），これらの3社の算定結果のうち算定結果が一番外れている算定結果を除外したうえで，残りの2社の算定結果の平均をとるということもある。

ている。

　これはデッドロックに持ち込むことなく当事者間で協議し合意によって問題を解決しようというインセンティブとして働くことになり，その意味でデッドロックの解決方法として優れている面があるが，そのような不確実な結果を受け入れられないと考える当事者にとっては採用のハードルが高い面があることも否定できない。

③　合弁会社の解散・清算

　合弁会社の解散・清算は，デッドロック事由に起因して合弁関係を解消するうえでストレートな対応であるとも言えるが，実際に事業を行って取引先や（株主からの出向ということもあるが）従業員を有する合弁会社についてどのように解散・清算を行うかという実務上の課題・論点が多く生じることから，各合弁会社の事業実態等に即した具体的な解散・清算の手続にかかる契約条項の検討が必要となる。

　一般的な解散・清算の方法に従って整理をすると，合弁会社の解散・清算に伴って，合弁会社の事業を売却によって換価したうえで，残余財産を出資比率に応じて株主に分配するというのが原則的な考え方になり，かかる考え方のもとでは，本来は合弁会社の事業を，いずれかの株主又は第三者にできるだけ高額で売却することが残余財産の分配金額を高めることになる。

　もっとも，合弁会社が独立した事業体制になっておらず，株主に依拠した事業体制になっているような場合（例えば，合弁会社の従業員全員又は大部分が両方の株主から出向しているケース，合弁会社の重要な機能については両株主からのサポートに依拠しているケース等）には，合弁会社の事業を単純にいずれかの株主又は第三者に譲渡することは容易ではないことも多い。

　このような合弁会社の事業体制によっては，合弁会社の事業の売却後における事業の継続方法やアレンジメントの調整が必要となり，そもそも合弁会

社の事業の売却による換価自体が難しいこともある。

　さらに，合弁会社の設立時において，各株主から製造拠点などの重要な資産が拠出されたような場合においては，各株主としては，合弁会社の解散・清算時においては自らが拠出した資産について優先的に買い取れるようにしたいという意向を有する場合もあり，その場合には，解散・清算時におけるかかる優先的な買い戻しの権利が規定されることもある。

　同様に，知的財産権についても，各株主が合弁会社に拠出した既存の知的財産権については，合弁会社の解散・清算時に優先的に買い取れるようにすることの検討に加えて，知的財産権については合弁会社においてその事業遂行の過程で開発・取得された新規知的財産権の帰属をどのように取り扱うかも重要な論点となり，解散・清算時における取扱い（より高い金額での購入意向を有する株主が購入するのか，いずれかの株主に帰属させたうえで，他方の株主にライセンスを許諾するか，両株主で共有する形とするのか等）が具体的に規定されることもある。

　上記のとおり合弁会社の解散・清算は，実務的には多くの検討事項が生じるものであり，またその実行のためにも多くの費用・時間も要すると考えられ，合弁会社にとっても，株主にとっても必ずしも望ましいシナリオであるとは言えないことも多いであろう[4, 5]。

　4　この関係では，合弁会社の解散・清算の場面での対応を踏まえて，合弁会社の事業体制をはじめから解散・清算に対応しやすいようにする（例えば，各合弁当事者や第三者に譲渡しやすいように独立した事業運営が可能な体制にしておく等）という実務上の工夫も考えられる。

　5　合弁会社の清算手続においては清算人の選任が必要となるが，実務上，株主間契約において，清算人の選任方法（複数の清算人を選任する前提で清算人会の設置をするかどうかを含む）について規定されることはほとんどない。清算人の選任方法についての規定がないと，原則としては多数派合弁当事者が清算人を指名・選任することができることになるが（会社法478条1項3号），この場合には，少数派合弁当事者にとっては，清算手続における財産換価手続にお

　だからこそデッドロックに持ち込むことなく当事者間で協議し合意によって問題を解決しようというインセンティブとして働くことになり，その意味でデッドロックの解決方法として優れている面があるのは②の場合と同様であるが，むしろ痛み分けという結果になると考えれば，②よりも受け入れやすいと考える当事者もいるであろう。

④　その他

　その他のデッドロックの処理方法として，デッドロック事由が合弁会社の事業にかかるビジネス上の判断としての性質を有する場合等に，当該デッドロック事由については，かかる事業における専門性・知見を有する中立の第三者専門家の判断に委ね，かかる第三者専門家の意見を踏まえてデッドロックを解消するという方法が規定されることもある。

　もっとも，合弁会社の事業について，合弁会社・株主以上に詳しい適切な外部専門家を見つけることは実務上必ずしも容易ではないことから，一般的には，適切な外部専門家の選定に課題があるように思われる。なお，海外における株主間契約では，デッドロックの処理方法として第三者による調停（mediation）又は仲裁（arbitration）等が選択されることもあるが，日本の株主間契約においてはあまり一般的な処理方法ではない。

(4)　デッドロック発生期間中の合弁会社の事業運営

　株主間契約上のデッドロックが発生し，デッドロックの解消のための手続がとられるとしても，デッドロック解消のための株主間の協議期間を含めて，

いて，多数派合弁当事者に指名された清算人が多数派合弁当事者に有利な換価手続を進めないかという懸念が生じうる。もっとも，清算人個人は合弁会社に対して善管注意義務を負っており，その善管注意義務の内容は基本的には合弁会社の資産をできる限り高額で換価すればよいという点で通常の事業継続中における取締役の善管注意義務の内容と比較すると明確であることも踏まえると，一般論としてはこのリスクは高くないということもできるであろう。

デッドロック解消までに相当な期間を要することが想定される。

　一般的には，デッドロックが解消されるまでの期間は，合弁会社としては，対象となった提案事項については当該提案事項に沿った対応をとらないという整理だけで足りると思われるが，デッドロックの原因となった対象事項によっては，デッドロック発生期間中の暫定的な合弁会社の事業運営方法について，株主間契約に規定しておくことが必要となることもある。

　例えば，合弁会社の事業計画・年間予算の承認についてデッドロックが発生した場合には，合弁会社として，事業上使用されるべき事業計画・年間予算を欠いた状態になってしまい，事業運営上の混乱が生じたり，その結果企業価値の毀損が生じるようなおそれもある。

　このような場合の対応として，デッドロックが解消されるまでの期間は，暫定的に，実務上可能な範囲で前年度の事業計画・年間予算に従うといった規定を設けることもある。

　しかしながら，実際にはかかる規定を設けても，前年度の想定・前提と当該年度の想定・前提は異なることが通常であることから，前年度の事業計画・年間予算を当該年度にそのまま適用することは実務上は難しいと思われる。

　この点は，株主間契約において，様々なケースを想定して実際に機能するような規定をあらかじめ設けることが難しく，ある程度抽象的な規定を設けざるを得ないことが多いであろう。

３　株主間契約の解除

第●条（解除）
1．各株主は，相手方株主が次の各号のいずれかに該当する場合，当該相手方株主に対して通知することにより，直ちに本契約を解除するこ

とができる。

　(1)　本契約上の重大な義務に違反し，是正の催告を受けてから30日経
　　　過後も当該違反が是正されないとき。

　(2)　本契約に定める表明及び保証に重大な違反があるとき。

　(3)　重要な財産について差押え等の申立がなされたとき，又は租税公
　　　課を滞納し督促を受けたとき。

　(4)　法的倒産手続の開始若しくはその申立がなされ，又は私的整理手
　　　続が開始されたとき。

　(5)　手形又は小切手の不渡りその他支払停止状態に至ったとき。

　(6)　解散したとき。

　(7)　営業停止若しくは禁止，許認可等の取消，又は営業の全部若しく
　　　は重要な一部の廃止，休止若しくは譲渡の手続に入ったとき。

　(8)　前各号のほか債権保全を必要とする相当の事由が生じたとき。

　(9)　株主の異動等により支配権に変動があったとき。

２．前項の場合，解除権を行使した当事者は，以下のいずれかを選択でき
　る。但し，その損害の賠償を相手方株主に対して請求することは妨げ
　られない。

　(1)　相手方株主が保有する本会社の株式を，次項の規定に従って計算
　　　される価格（以下「解除譲渡公正価格」という。）の●倍【注：1
　　　倍を下回ることが多い】又は当該株式について当該相手方株主が
　　　行った払込みに係る払込金額のうち，いずれか低い価格で買い取る。

　(2)　自らが保有する本会社の株式を，解除譲渡公正価格の●倍【注：
　　　1倍を上回ることが多い】又は当該株式について自らが行った払込
　　　みに係る払込金額のうち，いずれか高い価格で相手方に売却する。

３．解除譲渡公正価格は，［本契約が解除された日において確定してい
　る直近の決算期末における本会社の貸借対照表から算出される1株当
　たり純資産額／●●監査法人又は両当事者が第三者評価機関として合

> 意の上選任した監査法人が算定する本契約が解除された日における公
> 正な時価]とする。

　株主間契約上の義務違反（債務不履行）は，典型的な解除事由であるが，株主間契約の解除という重大な効果が生じることに鑑みて，催告後の一定の治癒期間が設けられることが一般的であるほか，軽微な債務不履行によって直ちに株主間契約解除の問題が生じないように，解除事由を重大な義務違反に限定することもある（もっとも，反社条項の違反等の一定の重大な義務違反については，治癒期間なく直ちに解除できるとされることもある）。

　また，株主間契約と併せて各株主と合弁会社との間で売買契約，仕入契約，IPライセンス契約等の合弁会社の事業遂行上重要な付随契約が締結される場合には，かかる付随契約上の義務違反（債務不履行）も，株主間契約の解除事由に含まれることがある。

　その他の解除事由としては，一方の株主について法的倒産手続が開始された場合その他信用不安事由が生じた場合が規定されることも多い。

　また，株主にとっては，合弁会社を通じて行う事業について中長期的な重要なパートナーとなる他方の株主の法令違反その他コンプライアンス上の問題によって，事業上の信用等が毀損されるリスクもあることから，かかる法令違反によって株主間契約を継続することが自らの評判や信用を害するおそれがある場合などを解除事由とすることもある。

　他方の株主について支配株主の変動が生じた場合についても，かかる支配株主の変動以降も引き続き合弁事業を共同で行うか否かの検討・判断をすることができるように[6]，支配株主の変動が解除事由とされることも多い。

　6　例えば変更後の支配株主が事業上の競業者であった場合，合弁事業を通じた
　　機密情報の漏洩などのリスクを踏まえて合弁事業を継続しないという選択肢も

　一方の株主について債務不履行等の解除事由が生じた場合において，他方の株主にとっては，株主間契約を解除しただけでは実効的な救済とはならないことが多い。

　特に，他方の株主が少数株主である場合には，株主間契約を解除することで，かえって少数株主を保護するために付与されていた拒否権を含めたガバナンス上の権利が失われることになり，また，損害賠償請求についても株主間契約上の義務違反によって自らに生じた損害を実際に立証することは容易ではないことも多い。

　そのため，解除をした株主の実効的な救済という観点から，株主間契約が解除された場合には，解除をした株主に，①違反をした株主が保有する合弁会社の株式を自らに譲渡するよう請求できるコールオプション，及び②自らが保有する合弁会社の株式を，違反をした株主が買い取るよう請求できるプットオプションが付与されることが少なくない。

　この場合において，違反当事者に対するペナルティの観点から，上記①のコールオプションによって違反をした株主が保有する合弁会社株式が解除をした株主に譲渡される場合の譲渡価格は，公正価格の1倍を下回る価格に設定され，他方で，上記②のプットオプションによって解除をした株主が保有する合弁会社株式が違反をした株主に譲渡される場合の譲渡価格は，公正価格の1倍を上回る価格に設定されることが一般的である（ただし，解除事由が，解除事由が生じた株主に帰責性が認められないような性質のものである場合には，上記のようなペナルティを考慮した譲渡価格とせずに，公正価格を譲渡価格とすることもある）。

　また，株主間契約が解除された場合には，解除をした株主は，違反をした株主に対して，合弁会社の解散・清算を請求することができる権利を有する

ありうる。

旨規定されることもある。かかる請求がなされた場合には，違反をした株主は，合弁会社の解散決議が行われるよう必要な措置をとる契約上の義務を負うことになる。

4 株主間契約の継続協議

第●条（事業継続協議）

1．本会社において，以下のいずれかの事由に該当する場合，両株主は，本会社を通じた共同の事業を継続するか否かについて，●ヶ月間誠実に協議を行う。

　(1)　本会社において●期連続で赤字が続いた場合

　(2)　本会社の事業計画の達成が困難である場合

2．両株主は，前項の協議の結果，①当該期間内に協議が調わなかった場合には，本会社を解散させるものとし，②両当事者間において本会社を通じた共同の事業の継続を行わず，かつ合弁会社の株式の買取り又は売渡しを行うことについて合意が成立した場合には，別途協議により定める条件によって株式の買取り又は売渡しを行う。

　合弁会社において事業を行ったところ，設立時に想定していたとおりには合弁会社の事業が進捗せずに，合弁会社の業績悪化の状態が継続するような場合も生じうる。

　株主は，合弁事業ではない自らの単独での事業であれば，かかる事業の進捗や業績も踏まえて，自らの経営判断として，事業の撤退又は事業方針の大幅な変更等の経営判断を行うことができるが，合弁事業の場合には，かかる場面でも株主間での協議が必要となる。このような場合において，合弁会社の業績が不振の状況であるにもかかわらず，株主間の協議が調わず，そのま

ま特段の対応を講じることができないという場面が生じるリスクもある。

　そのため，合弁会社の業績が悪いとき（●期連続で赤字が続いた場合，事業計画の達成が困難な場合等）など一定の事由が生じた場合には，それをトリガー事由として，株主間で合弁会社を通じた共同の事業を継続するかどうかについて協議をする義務を定めることがある。

　この場合において，協議の結果，事業計画の変更等によって事業を継続することが合意されれば，かかる措置を講じたうえで株主間契約が継続することになるが，いずれかの株主が他方の株主の株式全部を買い取る形で合弁関係を解消することが合意されれば，かかる株式譲渡によって株主間契約が終了することになる。

　また，協議の結果いずれの合意もできない場合には，最終的に合弁会社を解散させるというデフォルト・ルールを定めておくことで，最終的な合弁関係から離脱する方法を確保しておくこともある。

⑤　株主間契約終了の場合の効果

第●条（契約終了時の措置）
　本契約が終了する場合，株主Xから本会社に使用権が許諾されているシステム（以下「本システム」という。）の取扱いは次の各号に従う。
　(1)　株主Xが株主Yの保有する本会社の株式を買い取る場合又は本会社が清算される場合には，本システムに関する資産及び権利は株主Xが継続して保有し，株主Yに対して本システムに関する権利（特許権，意匠権，商標権，著作権等の知的財産権を含む。）の使用権又は実施権は許諾しない。
　(2)　株主Yが株主Xの保有する本会社の株式を買い取る場合には，株主Yが，株主Xから，本システムに関する資産及び権利を，当該買取時点における簿価で譲り受ける。

　株主間契約に基づく合弁事業遂行を前提として，合弁会社や各株主の間で
ITシステムの利用，商号の使用許諾，知的財産権の譲渡やライセンス，従
業員の出向等の一定の権利義務関係が生じている場合には，株主間契約が終
了したときに，かかる合弁会社や株主間の権利義務関係をどのように処理す
るかについて別途規定が設けられることが多い。

　この場合には，株主間契約の終了により合弁会社が解散・清算されるのか，
あるいは一方の株主から他方の株主に対して合弁会社株式が譲渡されるのか
によっても，株主間契約終了後も合弁会社の事業が継続するかどうかが異な
るため，この点を区別して権利義務関係の処理が規定されることもある。

　合弁会社が解散・清算され，合弁事業が終了するような場合には，合弁会
社の事業が終了するまでの一定の期間において，最低限合弁会社が事業継続
をするために必要な範囲で，従前の権利義務関係を継続する措置が講じられ
るとしても，最終的には各株主から合弁会社に対するITシステムの使用許
諾や知的財産権のライセンス，従業員の出向等は解消され，また，合弁会社
が保有する資産・権利についても，株主その他第三者への譲渡等によって処
理されることが多いように思われる。

　他方で，一方の株主から他方の株主に対して合弁会社株式が譲渡される場
合には，合弁会社の事業をその後も継続するために，どのような手当てをす
るのかについて，対象となる事項（ITシステム，知的財産等）の具体的な
権利義務関係等も踏まえた個別の検討が必要になる。例えば，ITシステム
については，合弁会社自身でITシステムを保有せずに，一方の株主（以下
「ITシステム保有株主」という）から合弁会社に対してITシステムの使用許
諾がなされることも多い。

　このような場合において，かかるITシステム保有株主が，他方の株主か
ら合弁会社株式を買い取るのであれば，引き続きITシステム保有株主がIT

システムを保有することを確認するだけで足りる。これに対して，対象となるITシステムを保有していない他方の株主が合弁会社株式を買い取る場合には，ITシステム保有株主からITシステムも買い取ることができる旨規定したり，あるいは他方の株主において必要なITシステムの導入が完了するまでの一定期間，ITシステム保有株主から合弁会社に対するITシステムの使用許諾を継続するといったアレンジの検討が必要になる。

かかる状況は知的財産権の場合も同様である。

また，このような権利義務関係の処理にあたっては，株主間契約終了について帰責性のある株主について不利な内容を規定する（例えば，帰責性のある株主が有するITシステムや知的財産権について，他方の株主に有利な価格や条件で譲渡・ライセンスを規定するなど）ということも考えられる。

また，株主間契約終了後も存続する条項（例えば，株主間契約終了後の措置についての条項，損害賠償にかかる条項，秘密保持義務の条項その他の一般条項など）については存続条項が設けられることが一般的である。

第6章

その他の条項

1 地位の変更に関する条項

第●条（株主の加入又は脱退）

1. 第●条に基づいて第三者に対して本会社株式を譲渡する株主は，譲渡に先立ち，譲受人をして，本契約の当事者となり本契約の全ての条項に拘束されることに同意させなければならないものとし，譲受人から本契約の当事者全員に対して本契約別紙●として添付されている差入書を提出させるものとする。
2. いずれかの株主が，前項の義務を履行したうえでその所有する全ての本会社株式を譲渡した場合は，当該譲渡を行った株主は，本契約に基づいて譲渡時点で既に発生している義務及び第●条に定める秘密保持義務を除き，本契約の一切の義務から解放される。

　合弁会社においては，一定の場合に株主が交替することが想定されている。合弁会社の株式が譲渡されある株主が合弁会社から抜け，別の者が新たに合

弁会社の当事者となる場合，かかる新株主は，合弁会社の定款には拘束されることになるが，旧株主間の合意事項である株主間契約には当然には拘束されない。

このため，株主が交替する場合には，新株主が旧株主の株主間契約の当事者となることを事前に条件として定めることがある。

なお，本条項は，株主の交替を前提とする条項であり，株主が一部の株式を譲渡するような場合は必ずしも対応できず，譲渡後の持分割合に応じて新たな株主間契約を締結するなどの対応が必要になるのが通常である。

2　表明保証条項

株主間契約において，表明保証条項が定められることがあるが，①設立・存続，②契約の締結・履行や強制執行可能性，③倒産手続等がないこと，④法令等や内部手続の遵守，⑤反社会的勢力と関係がないことなど，基礎的な表明保証がなされるにとどまることが多い。一方，合弁会社を組成する際に，株主から合弁会社に対して資産等が拠出される場合には，拠出する資産等に関する表明保証がなされることもある。

3　秘密保持条項

株主間契約においても通常秘密保持条項が定められるが，その内容は原則としてM&Aにおける一般的な契約における秘密保持条項と大差ない[1]。

なお，合弁会社の株主が第三者に対して合弁会社の株式の譲渡を検討する場合，実務的には，当該第三者による合弁会社に関するデューデリジェンス

1　藤原総一郎編著『M&Aの契約実務（第2版）』（中央経済社，2018年）288頁参照。

が実施されることも多い。

　このようなデューデリジェンスにおいて，合弁会社の情報を第三者に開示する必要があるが，通常はかかる情報は株主間契約上秘密情報として取り扱われており，他の株主の同意がなければ第三者に資料を提供することができない。

　このため，合弁会社の株式を譲渡することを希望する株主としては，相手方が許容するものでなければ，事実上売却プロセスを進めることができないという状況にもなりかねないため，株主間契約上想定されている株式譲渡を実施するために必要な対象会社に関する情報を第三者に提供することができるように株主間契約における秘密保持条項に定めておくことがある。

４ 通知条項

　株主間契約においても通常通知条項が定められるが，その内容は原則としてM&Aにおける一般的な契約における通知条項と大差ない[2]。

５ 準拠法・紛争解決方法など

　株主間契約においても準拠法や紛争解決に関する条項が定められることが通常である。準拠法については，通常は，合弁会社の設立地における現地法とすることが多い。紛争解決方法については，裁判とするものもあれば，仲裁とするものもあり，ケースバイケースである[3]。海外における合弁事業との

---

[2]　藤原総一郎編著『M&Aの契約実務（第2版）』（中央経済社，2018年）314頁参照。
[3]　藤原総一郎編著『M&Aの契約実務（第2版）』（中央経済社，2018年）299頁参照。なお，株主間契約に関する紛争で用いられることが多い仮処分命令の申立てに関しては，当事者間で仲裁合意が存在する場合でも，裁判所に対して行うことができる（仲裁法15条）。

関係での準拠法に関する留意点に関しては，第3編第4章②(4)を参照された
い。

取引類型別の留意事項

　第2編では，株主間契約が締結される状況の中でも最も基本的な状況といえる，事業会社である二当事者が51：49の出資比率で合弁会社を形成する場合の株主間契約を想定して検討を行った。もっとも，実務において株主間契約が締結される状況は多様であり，各当事者の出資比率や当事者となる株主の数・性質にも様々なパターンが存在する。そして，このような事情の違いにより，第2編で議論してきた論点に関して異なる考慮が必要となったり，新しい論点が生じたりすることになる。

　そこで，第3編では，第2編で検討した事項を念頭に置きながら，実務において株主間契約の締結が検討されるいくつかの典型的な場面について，取引類型ごとに特に留意すべき点を検討する。

第1章

事業会社同士の合弁契約

1 出資比率が対等な場合

(1) ガバナンスに関する留意点

　合弁会社の株主の出資比率が対等（50：50）の場合，いずれかの株主が他方の株主に優越する議決権を有するわけではない。したがって，このような形態の合弁の場合には，少数株主の保護を目的とするガバナンスに関する定めを株主間契約に盛り込むことの意義は乏しい。

　会社法に則していえば，まず，株主総会での決議については，いずれの株主も株主総会の普通決議事項（第1編第1章：**図表1-1-1**「取締役会設置会社における株主総会の主要な普通決議事項の一覧」参照）を単独で決議することはできず，株主総会決議事項については，原則として，常に株主間の合意が必要となる。

　また，取締役会の決議についても，合弁会社の株主の出資比率が対等な場合は，各株主が有する取締役の指名権も同数とされるケースが多いため，取締役会における決議事項について賛否同数となる可能性がある[1]。

　このような場合につき，外国法に基づいて組成された合弁会社に関する株

主間契約では，取締役会の議決において賛否同数になった際の処理として，当事者があらかじめ合意した特定の取締役（例えば，取締役会の議長など）に最終決定権を与える旨の規定を置くことがあるが，このような規定は国内合弁会社に関する株主間契約では一般的ではない。

　その背景には，日本の会社法上，取締役会の決議要件は定款で加重することはできるが（会社法369条1項），緩和することはできないところ，最終決定権の仕組みは当該決定権者に2票目を与えるに等しく，その結果，出席者の過半数の賛成がなくとも決議が成立してしまうため，会社法の観点からは当該合意は決議要件の緩和にあたり無効と解される可能性が高い[2]ためであると思われる。

　以上のとおり，出資比率が対等な場合には，すべての株主総会決議事項・取締役会決議事項について，株主間で意見の対立が生じた場合には常に賛否同数となり，デッドロックが生じやすい。

　このような場合を常にデッドロック解消措置の対象とすることは合弁事業の安定性を著しく害し，現実的ではないことから，合弁関係の解消につながるようなデッドロックの対象となる決議事項を限定的にしたり，デッドロック解消措置が適用される要件を限定したりすることが考えられる[3]。

1　いずれかが多数株主である場合，取締役の総数は，多数決による決定を前提として奇数とすることが通常であるため，取締役会の決議が賛否同数になることは希である。もっとも，このような取締役会の構成がとられていたとしても，所要で出席できない又は特別利害関係取締役（会社法369条2項）に該当し議決から除外される場合など，一部の取締役が議決に参加できなかった結果，賛否同数になることがありうる。

2　このような合意も会議体における通常の法則に基づく処理であるため有効とする見解（大隅健一郎・今井宏『会社法論　中巻（第3版）』（有斐閣，1991年）201頁）もあるが，現在では無効と解する見解が一般的である（落合誠一編『会社法コンメンタール8―機関(2)』（商事法務，2009年）291頁〔森本滋〕）。なお，大阪地判昭和28年6月19日下民4巻6号886頁も，取締役会決議で可否同数の場合に議長が2票目を投じた取締役会決議を無効としている。

3　詳細については第2編第5章①(2)参照。

　なお，賛否同数となった決議事項についてデッドロック解消措置の対象と
ならなければ，決議が否決されて当該決議事項の実施が見送られることとな
る。

　株主の出資比率が対等な場合，代表取締役の指名についても留意が必要と
なる。株主が対等な権利を有していることから，代表取締役の指名について
も各株主が対等な指名権を有するよう，代表取締役を2名選定することとし
て各株主が1名ずつ指名権を持つという方法が考えられる。

　この場合，それぞれの代表取締役は，「株式会社の業務に関する一切の裁
判上又は裁判外の行為をする権限」を有しているから（包括的業務執行権限。
会社法349条4項），株主総会や取締役会の決議が必要とされない代表取締役
の業務執行権限の範囲内に属する事項について両株主間で意見の対立がある
と，それぞれが指名した代表取締役が異なる方向で対外的な取引行為等を
行ってしまうおそれがある。

　このような問題を回避するため，代表取締役を複数選定する場合には株主
間契約に基づいて（又は当該事項を定めた内部規則等を株主間契約に添付す
る形で）各代表取締役が所管する業務の分担を明確化し，各自が自らの所管
業務の範囲内で権限を行使すべきことを定めておくことも考えられる[4]。

(2)　合弁会社の子会社該当性について

　株主が対等な関係の場合，各株主は合弁会社の議決権の過半数を保有して

　4　もっとも，そのような業務分担の取決めは代表取締役の包括的業務執行権限
　　への内部的制限であり，善意の第三者には対抗できない（会社法349条5項）。
　　なお，学説上は，第三者に重過失があるときも悪意と同視し，会社は内部的制
　　限を第三者に対抗できると解する見解が有力である（落合誠一編『会社法コン
　　メンタール8―機関(2)』（商事法務，2009年）20頁〔落合誠一〕）。したがって，
　　代表取締役が分担業務外の代表行為を行った場合であっても，かかる内部的制
　　限への違反につき善意・無重過失の第三者との関係では，代表行為の有効性を
　　争うことができない可能性がある点に留意する必要がある。

いないため，議決権割合だけでは連結決算上の連結子会社該当性を判断することができない。したがって，合弁会社の株主のいずれが「財務及び営業又は事業の方針を決定する機関を支配している」といえるかという点から，合弁会社の子会社該当性について判断することとなる[5]。

　しかし，株主の関係が対等な場合には，各株主が有している権利も対等に規定されている場合も多く，その場合には，合弁会社は両株主によって共同で支配されているものとして，いずれの株主との関係でも持分法適用会社の範囲にとどまることになる。

　第２編第２章⑤(6)③で述べたとおり，合弁会社の連結子会社の該当性は，株主にとって重要な問題となるため，連結子会社の該当性について，株主間契約上のガバナンス検討段階から，専門家との間で十分検討しておく必要がある。

２　一方の株主の出資比率が３分の１以下の少数株主となる場合

(1)　総　論

　第２編では，少数株主の持株比率が49％の場合を想定して株主間契約において規定される内容とその論点について述べたが，実務上，多数株主と少数株主の議決権比率は，合弁事業の企業価値，出資する資産の価値，合弁事業に対するコミットの程度等の様々な事情を踏まえて決定され，少数株主が有する議決権比率は事案によって異なる。そのため，事案ごとに多数株主と少数株主の権利関係は異なることになる。

　しかしながら，会社法の観点からは，多数株主が会社法上の特別決議の決議要件である３分の２以上の議決権（会社法309条２項柱書）を単独で保有しているか否か（逆に言えば，少数株主の議決権割合が３分の１を上回って

5　企業会計基準委員会「連結財務諸表における会計基準」（企業会計基準第22号，平成25年９月13日改正）６項・７項(1)。

いるか否か），すなわち，少数株主が会社法上の株主総会特別決議事項につき会社法上の拒否権を有しているか否かが重要なポイントとなる。

少数株主の議決権比率が3分の1を上回っていれば，ガバナンスに関する事項については第2編で述べた内容が基本的には当てはまることになる。

一方，少数株主の議決権比率が3分の1以下である場合に別途留意すべき事項があるため，本項ではそのような場合について検討する。

(2)　ガバナンスに関する留意点

多数株主が3分の2以上の議決権を保有している場合には，会社法の観点からは，定款で決議要件を加重していない限り原則として多数株主が単独で株主総会の特別決議事項（**図表3-1-1**「会社法上の株主総会における主な特別決議事項」参照）についても決議することが可能となるため，多数株主は，合弁契約・株主間契約上のガバナンスに関する条項を必ずしも必要としないほどの強いポジションを有しているといえる。

図表3-1-1 会社法上の株主総会における主な特別決議事項

No.	決議事項	根拠条文（会社法）
1	譲渡制限株式の買取り又は指定買取人の指定	309条2項1号・140条2項・5項
2	特定の株主からの合意による自己株式の取得	309条2項2号・156条1項・160条1項
3	全部取得条項付種類株式の取得	309条2項3号・171条
4	株式の併合	309条2項4号・180条2項
5	非公開会社における募集株式の発行等	309条2項5号・199条2項
6	監査役の解任	309条2項7号・339条1項
7	役員等の責任の一部免除	309条2項8号・425条1項
8	定款の変更	309条2項11号・466条
9	会社の解散	309条2項11号・471条3号
10	組織変更・組織再編の承認	309条2項12号

　一方，少数株主の立場からは，会社法上の原則に従って，株主総会特別決議事項についてまで一方的に多数株主によって決議されてしまっては，自己の利益を十分に保護することができないし，事案によっては合弁会社の意思決定に関して出資比率に比例した影響力を保持しているとは必ずしもいえない状態となることもある。

　したがって，少数株主としては，会社法上の原則に従えばほぼゼロとなってしまう合弁会社への影響力を，少なくとも出資比率に見合った水準にまで引き上げることができるよう，株主間契約上の合意によってどこまで少数株主の権利を確保することができるかが重要な交渉のポイントになる。

　株主総会特別決議事項に関していえば，特に会社の組織に関する事項（定款変更，合併等の組織再編等），株式の価値に影響を与える事項（新株発行，株式の併合，自己株式の取得等）等について，少数株主の拒否権が認められるよう交渉することが考えられる。

　また，取締役会決議事項に関しては，事業運営に重要な影響を与える事項や，多数株主と合弁会社との利益相反が生じる取引について少数株主が指名した取締役による同意を条件とするよう要求することが考えられる。

　しかしながら，最終的に少数株主がどの程度の権利を有することになるかは，議決権割合，株主及び合弁会社の運営する事業の性質，交渉の経緯等に左右されるため，個別の事案ごとに異なる。

(3)　取締役の指名権

　少数株主の立場からは，少なくとも議決権割合に応じた員数の取締役を指名する権利を求めることが一般的である。議決権割合の比率上，1名分の取締役の指名権を確保できない場合や，指名できる取締役の員数が限定的である場合には，後述するオブザーバーを選任する権利を要求したり，取締役会の定足数に関して，自己が指名した取締役が必ず出席していることという要件を課したりすることで，取締役会への影響力を確保することが考えられ

る[6]。

(4)　オブザーバーの指名権

①　概　要

合弁事業においては，株主が指名する者を傍聴者（オブザーバー）として取締役会に出席させる権利を与えることがある。

オブザーバー派遣の主な目的は，当該オブザーバーを通じて取締役会における事業運営の状況及び議論の内容を把握し，発言権を通じて意思決定に一定の影響を及ぼすことにある。

したがって，オブザーバーは取締役ではないため，取締役会における議決権は有せず取締役会の定足数にもカウントされないが，希望した場合には取締役会において自己の意見を述べる発言権が与えられたり，取締役に配布される資料等が取締役と同時期に共有されたりする権利を有するか否かについて当事者間の交渉ポイントとなる。

なお，十分な数の取締役指名権を有する株主にとっては別途オブザーバーを派遣する意義は限定的であるが[7]，出資割合が低く取締役指名権を有しない少数株主が存在する場合などは，オブザーバーに関する規定が置かれることがある。

②　オブザーバー規定を置く場合の留意点

第●条（オブザーバー）

1．株主Xは，自己が指名する者（但し，自己又はその関係会社の役職員に限るものとし，各取締役会につき●名を上限とする。）（以下「オ

6　第2編第2章③(2)サンプル条項参照。

7　もっとも，取締役指名権を確保している場合でも，取締役に就任するのが株主の経営上層部等であるときは，別途実務担当者をオブザーバーとして臨席させるニーズが大きい場合はある。

ブザーバー」という。）を本会社の取締役会に出席させることができ
る。オブザーバーは，取締役会においてその意見を述べることができ
るが，取締役会における議決権は有しないものとする。
2．本会社は，取締役会を開催する場合には，取締役に対して送付・提
供する招集通知及び資料をオブザーバーに対しても送付・提供するも
のとする。
3．株主Ｘは，自らが指名したオブザーバーをして，第●条に定める両
株主の秘密保持義務と同等の義務を負わせ，それを遵守させるものと
する。

　上記のとおり，オブザーバーとして派遣される者は取締役会への出席や資
料等へのアクセスを通じて合弁会社の機密情報を知ることになる一方で，株
主や（合弁会社に対して善管注意義務を負う）取締役のいずれでもないため，
かかる機密情報に関して当然に秘密保持義務を負うわけではない。
　そのため，オブザーバーによる機密情報の漏洩を阻止するための一定の措
置を講じる必要があり，その方法として，例えば以下の方法が考えられる。
①　指名の対象を（就業規則を含む社内規程において職務上知りえた事項
について秘密保持義務を負う）当該株主又はその関係会社の役職員に限
定する[8]
②　株主間契約において，オブザーバー指名権を有する株主に，指名した
オブザーバーをして，(i)合弁会社との間で秘密保持契約を締結する，又

　8　この場合，オブザーバーは指名権を行使した株主の履行補助者と評価するこ
とができ，オブザーバーが取締役会への参加により知った秘密情報を外部に漏
洩した場合，当該株主が合弁会社や他の合弁当事者に対して契約上の義務違反
又は不法行為（民法709条・715条）に基づく責任を負う可能性がある（田中亘
＝森濱田松本法律事務所編『会社・株主間契約の理論と実務』（有斐閣，2021年）
233頁〔松中学〕）。

は，(ii)株主が負う秘密保持義務と同等の義務を負わせ，これを遵守させ
る旨の義務規定を置く

　また，取締役会でのやり取りが米国法上の秘匿特権（privilege）の対象と
なる場合[9]，そこに部外者であるオブザーバーが同席していると当該秘匿特権
が放棄（waive）されたとみなされてしまう可能性がある。そのため，合弁
会社の事業の性質上，米国訴訟のリスクがありうるような場合は，上記秘匿
特権の対象となりうる審議についてはオブザーバーの参加を認めない旨を契
約上明記しておくことが考えられる。

(5)　少数株主に対する情報提供

　少数株主が取締役の指名権又はオブザーバーの選任権を有している場合に
は，当該取締役又はオブザーバーを経由して少数株主が情報を共有すること
が可能となる[10]。

　しかしながら，取締役又はオブザーバーの指名権を有していない場合やか
かる指名権を有しているものの多数株主からの十分な情報提供が期待できな
い場合に，少数株主としては，株主間契約において，第2編第3章[11]で記載
したサンプル条項に列挙した報告事項をより充実させ，四半期ごとの財務情
報や月次の営業実績等を含む会社の財務情報を定期的に株主に対して提供す
る義務を規定しておくことが考えられる。

9　例えば，合弁会社を当事者とする訴訟が係属しているときに，当該訴訟で合
　弁会社の代理人を務める弁護士が取締役会に出席して取締役に対し当該訴訟の
　状況等を説明する場合や当該訴訟における対応方針の意思決定を行う場合など
　が考えられる。

10　ただし，合弁会社の取締役は当然に自己を指名した株主に対して取締役会で
　得た情報を開示することができるわけではないこと留意する必要がある（第2
　編第3章[11]参照）。また，オブザーバーの秘密保持義務については上記(4)参照。

(6)　会社法上の少数株主の権利について

　会社法上，議決権割合が少数の株主に対して，株主としての権利を保護するために一定の少数株主権が定められている（**図表3-1-2**「会社法上の主な少数株主権」）。

　少数株主の出資比率が3分の1を下回る場合には，これらの少数株主権は少数株主の利益を保護する観点から非常に重要な権利になるが，株主間契約において少数株主の権利にも配慮した規定を多く定めて多数株主と少数株主の利益調整が細かく図られているような場面においては，これらの権利行使によって株主間契約で定められた合弁会社の運営が妨げられる（当事者の意図しない事態を招く）おそれがある。かかる観点からは，これらの少数株主の権利行使を制限することが考えられるが，かかる権利制限の合意の有効性については，当事者間の合意としては有効であっても，当該合意に違反して行使された少数株主権は会社法上も無効と扱われるのかという点については疑義があることに注意を要する[11, 12]。

図表3-1-2｜会社法上の主な少数株主権

No.	権利内容	根拠条文（会社法）	要件[13]
1	議題提案権・議案の要領記載請求権[14]	303条2項・305条1項但書	総議決権の1％以上又は300個以上の議決権を（公開会社では6ヶ月前から引き続き）有する株主

11　合弁会社の株主全員が株主間契約の当事者となっている場合に，株主間協議会を通じて株主総会への提案を行うことを担保するため株主提案権を株主間契約上で放棄させることも有効であるとする見解について，第2編第2章④(2)参照。

12　株主代表訴訟の不提起の合意については，訴訟法上の効果として有効とする見解がある（田中亘＝森濱田松本法律事務所編『会社・株主間契約の理論と実務』（有斐閣，2021年）431頁〔垣内秀介〕）。

13　要件はいずれも定款で緩和することが可能であるが，加重することはできない。

2	会計帳簿閲覧等請求権	433条 1 項	総議決権の 1 ％以上又は300個以上の議決権を有する株主
3	役員・清算人解任の訴えの提起権	854条 1 項・479条 2 項	総議決権の 3 ％以上又は発行済株式の 3 ％以上を（公開会社では 6 ヶ月前から引き続き）有する株主
4	株主総会招集権	297条 1 項	総議決権の 3 ％以上を（公開会社では 6 ヶ月前から引き続き）有する株主
5	解散請求権	833条 1 項	総議決権の10％以上又は発行済株式の10％以上を有する株主

(7)　種類株式と属人的定め

　少数株主の権利を保護するという観点から，合弁会社においても種類株式が利用される場合はあるが，その例は必ずしも多くはない。少数株主に対して種類株式が発行される典型的な事例は，VCファンド（ベンチャー・キャピタル・ファンド）による投資の場面である。会社法上の留意点は，VCファンドによる投資の場面であっても，事業会社同士の合弁事業の場合であっても，概ね等しく当てはまるため，本編第 2 章②(3)の記載を参照されたい。

　また，会社法は，非公開会社の株主について，非公開会社における広い定款自治及び非公開会社においては株主の個性に重きが置かれていること[15]を理由に，剰余金の配当，残余財産の分配又は議決権について，株主ごとに異なる定めを設けることを許容している（会社法109条 2 項，いわゆる「属人的定め」）。

14　取締役会非設置会社においては，単独株主権とされている（会社法303条 1 項・305条 1 項本文）。

15　田中亘『会社法（第 3 版）』（東京大学出版，2021年）90頁。

　かかる属人的定めを行う定款変更の決議は，総株主の半数以上が出席する株主総会において，総株主の議決権の4分の3以上の多数をもって行わなければならない（会社法309条4項，特殊決議）。属人的定めについては，会社法上特に制限がないことから，柔軟な内容を規定することが可能であり，また種類株式のように登記が不要であることから[16]，株主の異動が想定されていない合弁会社においては，種類株式よりも使いやすい側面がある。

　しかしながら，属人的定めについても株主平等の原則（会社法109条1項）の適用があるとされていることから，少数株主の実質的権利を奪い，相当性を欠くような内容については株主平等原則に違反しており，属人的定めを設けるための定款変更決議が無効とされる可能性がある点に注意する必要がある[17]。

　また，発行済株式のうち一部の株式の内容を種類株式に変更するためには，全株主の同意が必要とされているところ[18]，属人的定めを設ける場合には，当該株主の同意がなくとも，総株主の議決権の4分の3以上の賛成による特殊決議によって，種類株式を発行する場合と同様の目的を達成することが可能となる。

　したがって，少数株主の観点からは，少数株主が保有する議決権割合が25％を下回っている場合であっても，多数株主が単独で少数株主に対して属人的定めを設けることができないよう定款変更についての拒否権を定めておく必要がないか，検討を要する。

　なお，属人的定めは，一定の株式数を有する株主について異なる定めを設ける場合（100株以上株式を有する株主について一律の取扱いを定める等）

　16　ただし，属人的定めが置かれた株式は，当該属人的な事項につき内容の異なる種類の株式とみなされ，会社法上種類株式に適用がある規定が適用される（会社法109条3項）。

　17　東京地裁立川支判平成25年9月25日金融・商事判例1518号54頁（経営陣との対立を理由に，一定の株主の議決権及び剰余金配当に係る権利を100分の1とする属人的定めを新設する定款の変更を無効とした判決）。

　18　松井信憲『商業登記ハンドブック（第3版）』（商事法務，2015年）249頁。

と特定の株主について異なる定めを設ける場合（株主Aについて優先配当を定める等）が考えられるが，後者の場合には，当該株主が株式を譲渡したときには，当該株式の譲受人に対してかかる属人的定めの内容は承継されないとことになる[19]。

(8)　少数株主の希釈化防止

合弁会社が株式に譲渡制限を付している場合であっても，少数株主の出資比率が3分の1以下にとどまるときは，多数株主は会社法上単独で第三者割当増資を行うことが可能となる（会社法199条2項・309条2項5号）。

しかしながら，出資・議決権比率の維持は株主間契約の根本に関わる事項であるため，たとえ会社法上多数株主が単独で第三者割当増資が可能となる場合であっても，少数株主は合弁会社の新株発行，自己株式の処分等合弁会社の出資・議決権比率に変動を与える行為について拒否権を求めることが多い。

また，出資比率が3分の1を下回る少数株主に対しては，新株発行等に対する拒否権が認められない場合もあるため，そのような場合には，少数株主の出資・議決権比率の希釈化防止のため，新たに発行される株式等を少数株主の持株比率に応じて引き受けることができる権利（新株引受権（preemptive right））を規定しておくことも多い（サンプル条項参照）[20]。

19　株主における組織再編等によって形式的な株主の異動が生じる場合には，属人的定めの効力が継続するよう対応を検討する必要がある。

20　なお，実務上は，少数株主が新株発行等に関する拒否権に加えて，新株引受権を有している場合も見受けられる。その場合における新株引受権の目的は，多数株主が少数株主の意向を無視して第三者割当増資を行う場合に，少なくとも少数株主が自己の議決権比率を維持するための次善の策として機能することにあると思われる。

> 第●条（新株引受権）
>
> 　株主Yは，本会社が株式の発行，自己株式の処分又は潜在株式等（新株予約権，新株予約権付社債等，株式を取得することができる権利若しくは株式への転換請求権又はこれらに準ずる権利が付された証券又は権利をいう。以下同じ。）の発行若しくは付与を行う場合には，その持株比率に応じて，他の引受候補先に示された最も有利な引受価格及び引受条件に劣位しない引受価格及び引受条件にて本会社の株式又は潜在株式等の割当てを受ける権利を有する。

　なお，取締役の指名権等，議決権に応じて与えられることの多い権利をもともと有しておらず，また株主間契約上その他の必要な権利を確保している少数株主の場合には，法的観点から出資割合が希釈化することのデメリットはそれほど大きくない。また，新株引受権を行使するにあたって新たに出資するための資金が必要になるところ，そのような追加的出資を想定していない少数株主も想定されるため，そのような少数株主の観点からすれば新株引受権の重要性はそれほど高くはないといえる。

　もっとも，持分法適用を維持するために出資比率を維持する必要があるような場合には，会計の観点から重要な権利であるということになろう。

③　株主が3名以上の場合

　これまで，合弁会社の株主が2名の場合を想定してきたが，3名以上の株主によって合弁会社が組成される場合もある。その場合には合弁契約の当事者も3名以上となり，株主2名による相対契約としての株主間契約よりも，各株主間の権利関係の調整が複雑になる。

　もっとも，合弁会社の株主が複数名となる場合には様々なパターンがある

ため，各株主間の関係性に着目して，各株主間の権利関係を調整する必要がある。

　例えば，合弁会社の株主が3名（株主ａ，株主ｂ及び株主ｃ）である場合に，その内2名（株主ａ及び株主ｂ）が既に提携関係にある場合には，株主ａ及び株主ｂとの間の関係と，株主ａ及び株主ｂ並びに株主ｃの間の関係とでは利害状況が異なるものと思われる[21]。

　また，この場合には，株主ａ及び株主ｂからすれば，株主ｃに対して株主ａ及び株主ｂとの権利関係がどのように調整されているかという点を開示したくないという要請もあろう。

　このような場合には，一旦株主ａ及び株主ｂの間で株主間契約を締結した上で，株主ａ，株主ｂ及び株主ｃの間で，株主ａ及び株主ｂを一体の当事者として扱った上で，実質的に二当事者間の株主間契約として別の株主間契約を締結するという二層構造にすることで三当事者間の権利関係を調整することも考えられる。

　他方，3名の株主がそれぞれ独立した株主として合弁会社に参加する場合には，合弁契約は，3名の株主をそれぞれ独立の当事者として扱う必要があるが，このような三当事者による契約では，二当事者間の株主間契約とは異なり，主に以下の点に留意する必要がある。

①　議決権割合

　例えば，合弁会社の株主3名が対等に3分の1ずつの出資割合を有する場合は，各株主がそれぞれ3分の1ずつの議決権割合を有するにとどまるため，

21　例えば，株主ａ，株主ｂ及び株主ｃがいずれも同一比率で株式を保有していた場合に，株主ａ及び株主ｂとの関係は持分比率が同一の株主関係として，上記①で述べた内容が当てはまることになるが，株主ａ及びｂと株主ｃとの関係では，二当事者間で2：1の割合で株式を保有している株主関係と同視できるため，上記②で述べた内容が当てはまる。

いずれの株主も単独では株主総会の普通決議の要件を満たすことはできず，株主総会の特別決議を阻止することもできない。

　また，各株主が指名できる取締役の人数も出資割合に応じている場合には，各株主指名の取締役だけでは取締役会決議の決議要件を満たさないことになる。

　しかしながら，いずれの株主も単独で株主総会決議又は取締役会決議の要件を満たさない場合であっても，全株主の同意が必要とされているわけではないため，例えばある株主2名が結託をして他の株主の意向に反して決議を行う可能性が考えられる。

　したがって，各株主は，常に自らが相対的な少数株主の立場に立つかもしれないという想定の下，株主総会決議事項及び取締役会決議事項に関して，一定の事項に関する拒否権を確保する必要がないか検討する必要がある[22]。

　役員の選任については，株主が2名の株主間契約と同様に，各株主が指名することができる役員の人数を株主間契約で規定することが一般的である。3名の株主のうち，ある株主の持株比率が減少した場合や，ある株主が株主間契約上の義務に違反したため株主間契約から離脱した場合における取扱い等については株主が2名の場合とは異なる手当をすることも考えられるが，三当事者間の交渉で事前に具体的な内容を合意することが困難であることも少なくないため，実務上は誠実に協議する旨を規定するにとどめることもある。

22　株主3名の議決権割合がいずれも単独で過半数に及ばない場合であっても，ある株主が3分の1超の議決権を有している場合（例えば，株主a：株主b：株主c＝33.4：33.3：33.3という場合），当該株主と他の株主が結託すれば，株主総会特別決議事項を決議することも可能となるため，当該事項に関する拒否権の有無について検討しておく必要がある。

第●条（取締役）

1. 本会社の取締役の人数は6名とし，各株主は，それぞれ2名ずつ取締役を指名する権利を有する。各株主は，本会社をして，各株主が当該指名権に基づきそれぞれが指名した取締役を選任する手続を行わせる。

2. 前項の定めにかかわらず，株主間における本会社株式の出資比率の変動が生じ，いずれかの株主の出資比率が●％を下回った場合には，変動後の本会社株式の出資比率に応じた人数の取締役の指名権を有するよう，各株主間で誠実に協議の上，本契約を変更する。

3. 第1項の規定にかかわらず，第●条に基づく解除権が行使された場合の違反株主は，直ちに第1項に基づく取締役の指名権を失う。この場合において，取締役の指名権を失った違反株主は，当該違反株主が指名した本会社の取締役（以下「違反株主指名取締役」という。）の解任に係る本会社の株主総会において，当該議案に賛成するほか，各株主は，本会社をして，直ちに，違反株主指名取締役を解任するための手続を行わせる。但し，違反株主は，違反株主指名取締役の解任に代えて，同取締役をして直ちに本会社の取締役を辞任させることができる。この場合，解任された又は辞任させた取締役の後任の取締役の指名及び選任は，違反株主以外の株主間の協議により定める。

4. 各株主は，その指名した取締役の中から，それぞれ1名ずつ代表取締役を指名する権利を有する。各株主は，各株主が当該指名権に基づきそれぞれが指名した代表取締役を，それぞれが指名した取締役をして選定する手続を行わせる。但し，株主間における本会社株式の出資比率の変動により株主のいずかの当該出資比率が●％を下回った場合，当該株主は代表取締役を指名する権利を失う。

②　株主間の株式譲渡

　先買権，コールオプション又はプットオプションが行使される場面では，株主間における株式の譲渡が生じるため，三当事者間における株式の譲渡をどのように規律するのかという点が問題となる。

　原則としては，複数の株主が権利を有し又は義務を負う場面においてはその出資比率に応じて按分するのが一般的であり，例えば，譲渡希望株主1名に対して先買権を行使した株主が2名いるような場合であれば，先買権を行使した株主の持株比率に応じて譲渡される株式が按分されるのが通常であろう。

　しかし，三当事者のうち，ある株主が相対的にみて多数株主の立場にある場合には，株主間の株式譲渡の結果，相対的な少数株主だった株主が3分の1以上の議決権割合を保有することを防止するために，相対的多数株主としては，優先的に先買権又はコールオプションの権利を行使する機会が与えられるよう少数株主に対して要請することも考えられる。

③　株主による契約違反

　第2編第5章②で述べたとおり，二当事者間の株主間契約において一方の株主が株主間契約に違反した場合，他方の株主は株主間契約を解除するか，又は違反した株主が保有する合弁会社株式を買い取る権利を行使することができる旨を規定することが多い。

　三当事者間の株主間契約の場合には，例えば株主a，株主b及び株主cがいる場合に，株主aのみが株主間契約に違反したとしても，株主b又は株主cが単独で株主間契約を解除することができるようにすべきか検討しておく必要がある。この場合，株主b又は株主cにとって株主間契約を解除することで株主間契約上確保されていた権利を失い，却って不利にならないかという点についての検討が必要となるからである。

　また，交渉段階において，合弁会社を可能な限り継続させるべきであると

当事者が考えるのであれば，株主 b 及び株主 c が連名で解除権を行使する場合を除き，原則として株主間契約は継続するものとし，株主間契約に違反した株主 a については，株主間契約の違反を理由とするコールオプションによる株式買取り等によって対応することも考えられる。

④　株主が離脱した場合の取扱い

株主間においてコールオプション等による合弁会社株式の譲渡が行われた結果として，二当事者間による合弁会社となった場合であっても，原則として既存の株主間契約が残存する 2 名の株主に対して適用されることになる。

しかしながら，既存の株主間契約が締結された時点とは前提が異なることから，既存の株主間契約をそのまま適用することは困難である場合もあるため，実務上は，既存の株主間契約がそのまま適用されることを前提としつつ，新たに二当事者間を前提とした株主間契約を交渉・再締結することについて検討する必要がある。

そのような一部の株主が離脱した場合における権利関係及び株主間の持株比率が変動した場合の株主間契約の修正の可能性について以下のような条項が規定されることがある。

第●条（本契約の解除等）

　第●条に従い本契約の解除権が行使された場合は，第●条に従って，違反株主が保有する本会社株式の非違反株主による買取りが完了した時点をもって，本契約は当該違反株主との間で終了する。この場合において，本契約は当該違反株主以外の各株主の間では有効に存続し，可能な限りにおいて，当該各株主間のその時点での本会社株式の出資比率に応じて，本契約の規定を適用するものとする。

> 第●条（本契約の変更・修正）
> 　本契約の修正又は変更は，株主全員が署名又は記名押印した書面によらない限り，その効力を有しないものとする。但し，各株主は，本会社株式の出資比率に変更があった場合，本契約の条件変更について誠実に協議するものとする。

4 合弁会社が持株会社の場合

　合弁会社が持株会社の場合，実際の合弁事業を営むのは，持株会社の子会社となるため，株主間契約において合弁会社に関するガバナンスのみを規定するだけでは実際の事業に対するコントロールが及ばない。

　そのため，株主間契約の当事者が直接事業を運営する子会社に対してもコントロールを及ぼすことができるように，子会社の取締役等の役員に対する指名権，子会社の株主総会決議事項及び取締役会決議事項に対する拒否権等についても，通常株主間契約に規定しておくことになる。

　もっとも，合弁会社に多数の子会社がある場合や，合弁会社が間接的に資本関係を有している子会社に関する事項についてもすべて株主間契約に定めることになると実際の事業運営がいたずらに複雑化する場合もあることから，株主間契約上は，合弁会社の直接の子会社に関する役員の指名権及び当該子会社の資本関係及び事業価値に重大な影響を与える事項に拒否権を限定しておくことにとどめる場合も多い。

　また，合弁会社の傘下に多数の子会社が存在する場合は，当該子会社における事業運営については，合弁会社の取締役会又は株主間協議会に基づく決定に従って行うこととする場合もある[23]。

　23　合弁会社がグローバルに事業を展開している場合には，各子会社における取締役会又はそれに相当する機関における決議事項について適用のある現地法制

　また，少数株主が持株比率の希釈化防止のため新株引受権を有している場合，持株会社である合弁会社が発行する株式等に対する新株引受権を規定しているだけでは不十分である点に注意する必要がある。

　例えば，持株会社が事業を営む子会社の新株発行を第三者又は多数株主の関係会社に行う場合には，当該新株発行に対しても新株引受権を適用させなければ，少数株主の議決権が実質的に希釈化することになる。

　したがって，合弁会社が持株会社の場合には，子会社における事情によって株主として権利の希釈化や株式の価値の実質的減少とならないか検討しておく必要がある。

5　合弁会社が合同会社の場合

(1)　総　論

　日本における合弁会社の企業形態としては，株式会社が選択されることが多いと思われるが，合同会社が選択される例もある[24]。

　合同会社は，株式会社と異なり，定款の変更や持分権の譲渡に全社員の同意が必要となっている（会社法637条・585条1項）ため，株式会社であれば合弁会社として株主間契約に基づいて株主の同意を必要とすべき多くの事項について，会社法によりそもそも同意が必要とされる形となっている。

　また，合同会社におけるガバナンスの設計に関して，定款の自治が広く認

の影響を受けることから，株主間契約において，そのような各現地法制の内容まで考慮した条項を定めることは困難であることも多い。そこで，株主間契約上の建付けとしては，株主間協議会等の株主間契約の当事者の合意によって運営される組織において，重要事項について決定を行い，当該決定に基づき，現地における各事業会社は，適用のある現地法制に従って事業を運営する旨を定めることもある。

24　日本法上，構成員の有限責任が確保されている企業形態としては，他に有限責任事業組合（LLP）が存在するが，有限責任事業組合自体は法人格を有しないため合弁事業の企業形態として利用されることはあまりないと思われる。

められていることから，ガバナンスの設計度の自由度が高い。例えば，会社法上は，合同会社について社員総会に関する定めがないため，定款上で社員総会を開催する旨を規定し，社員総会における決議事項及び決議要件を定款上で規定することが可能である。

　また，業務執行に関しては，一方の社員を業務執行社員とすることで当該社員が主として事業運営を行うことも可能であり[25]，また，各社員を業務執行社員として，各社員が指名する職務執行者によって，取締役会と類似の合議体を設置し，当該合議体の決議に基づいて，事業運営を行わせることも可能である。

(2)　合同会社のメリット

　株式会社を合弁会社とする場合に比較して，合同会社には以下のようなメリットがある。

①　設立手続が簡便

　合同会社の場合，公証人による定款認証が不要とされている。また，合同会社に対する現物出資は認められているが，株式会社の場合と異なり，検査役による検査は不要とされている。

　したがって，既存事業の統合案件の場合で，既存事業を合弁会社に対して現物出資する場合には，合弁会社が株式会社であれば，検査役による検査によって時間と費用がかかる可能性がある[26]が，合弁会社が合同会社であれば検査役による検査は不要となる。このように，設立手続が株式会社に比べて簡便であるというメリットがある。

25　業務執行社員を定款で定めた場合，合同会社の業務は当該業務執行社員が単独で（業務執行社員が複数いる場合は，その過半数で）決定する（会社法590条1項・591条1項）。
26　株式会社の場合も検査役による検査が例外的に不要となる場合もある（会社法33条10項各号）。

②　運営手続が簡便

　株式会社は株主総会において計算書類を承認し，それを官報等に公告する必要がある（会社法440条）。特に株主が海外企業の場合には，かかる公告義務によって合弁会社の財務状態を開示することに懸念が示される場合も多い。

　しかし，合同会社の場合には，計算書類の承認に関する規定がなく，また決算公告に関する規定もないことから，合同会社の決算内容について開示等を行う必要はない。

　また，株式会社は事業年度終了後一定期間内に定時株主総会を開催する必要があるが（会社法296条1項），合同会社では定時社員総会を行う必要はない。

　このように，事務運営の観点からみても，合同会社は株式会社よりも手続が簡便で，運営コストを抑えることができる。

③　資本金の最低計上額の不適用

　合同会社は，株式会社のように出資した財産の価額の半分以上を資本金の額として計上する（会社法445条2項）という制限がないため，出資した財産の価額を全額資本剰余金に計上することが可能であり，それによって資本金に係る登録免許税を不要にすることが可能となる[27]。

④　米国租税法上の税務上のメリット

　合同会社は，米国租税法上，パススルー・エンティティとして扱うことが可能であることから，社員が米国企業の場合には，税務上の理由から合同会社が選択されることもある。

　27　登録免許税は増加する資本金の額に0.7％を乗じた額（かかる金額が15万円に満たない場合には，15万円）であるところ（登録免許税法9条・別表第一），既存事業の統合案件においては，計上される資本金の額が高額となることも少なくなく，その場合には合弁会社を株式会社として組成する場合には，組成時における登録免許税の額も高額となるケースがある。

⑶　合同会社のデメリット

　しかし，合弁会社を合同会社とする場合には，以下の点に留意する必要がある。

①　業務執行社員の直接責任

　株式会社の株主と異なり，業務執行社員はその職務に関して悪意又は重過失があった場合に，第三者に生じた損害について責任を負うことになる（会社法597条）。

　したがって，合同会社の社員は出資の限度で責任を負うことが原則ではあるものの，業務執行社員については一定の限度で直接責任を負う可能性がある。

　また，第三者に対する責任であることから，業務執行社員の悪意又は重過失の有無及び業務執行社員の理論的責任の有無にかかわらず，第三者からの訴訟提起が行われれば，やむを得ず訴訟に巻き込まれるリスクを負うことになるため，業務執行社員となる当事者は注意が必要である。

②　職務執行者の選任手続

　業務執行社員が法人である場合は，職務執行者を選任する必要がある（会社法598条1項）。したがって，業務執行社員による合同会社の業務執行は，実際にはかかる職務執行者によって行われることになるが，登記実務上，職務執行者の選任登記にあたっては，業務執行社員において職務執行者を選任したことを証する書面として，業務執行社員が取締役会設置会社であれば，選任決議に係る取締役会議事録の提出が求められている[28]。

　すなわち，設立される合弁会社の重要性にかかわらず業務執行社員におい

---

[28]　松井信憲『商業登記ハンドブック（第3版）』（商事法務，2015年）617頁，平成18年3月31日民商782号通達。

て取締役会決議を要することになるが，業務執行社員が大企業である場合には，取締役会を機動的に開催することが難しい場合も多いことから，合同会社による合弁事業を立ち上げるにあたっては，合弁会社の組成のタイミングと業務執行社員における職務執行者選任のための取締役会の開催スケジュールについて注意する必要がある。

⑷　合同会社特有の契約上の配慮等

そもそも合同会社においては株式や株主は存在せず，持分や社員であること（よって株主間契約ではなく社員間契約であること）から，契約の名称及び用語が全く異なることになるが，そこで定められるべき内容は株式会社の株主間契約と実質的に大きく異なるわけではない。

とはいえ，株主間契約がガバナンスに関する会社法のデフォールト・ルールを修正する性格を有していることを考えると，合同会社の社員間契約については，合同会社について会社法が詳細なデフォールト・ルールを定めていないことに留意すべきである。

例えば，合同会社の社員総会については，株主総会とは異なり特別決議事項は定められておらず，定款変更や合併等については総社員の同意を必要とするのがデフォールト・ルールである[29]。したがって，株式会社の場合と同じようなガバナンスを実現したい場合には，多数社員の立場からも少数社員の立場からも契約や定款による具体的な対応が必須となる。

合同会社の業務執行は，定款に別段の定めがない限り，各社員（＝株式会社であれば株主に相当する者）が行うことになっており[30]，取締役のような役員の存在が想定されていないことにも留意が必要である。実際には取締役や取締役会のような組織を設置して意思決定を行うことを関係当事者が希望する場合もあるであろうが，その場合にはやはり契約や定款による具体的な

29　会社法637条・793条 1 項・802条 1 項等。
30　会社法590条 1 項。

対応が必要である。

　また，合同会社の持分の譲渡については他の社員全員の同意が必要であるのが原則である[31]ほか，社員の退社に伴う持分の払戻という制度も存在する[32]ことから，株式会社の場合の株式の譲渡に相当する規定を定めるにあたっても，会社法上のデフォールト・ルールの違いを意識することが必要であろう。

31　会社法585条1項。
32　会社法606条・611条等。

第2章

金融投資家が当事者となる
株主間契約

　第2編及び本編第1章では，事業会社同士による合弁事業に関する株主間契約を想定していたが，プライベート・エクイティ・ファンド（以下「PEファンド」という）やベンチャー・キャピタル・ファンド（以下「VCファンド」という）等の金融投資家が株主間契約の当事者となる場合もある。

　典型的には，VCファンドが投資を行うに際して，創業者や他の投資家との間で，投資先会社のガバナンス，事業運営，投資先会社の株式の処分等に関して株主間契約を締結するような場合である。

　事業会社同士の株主間契約と金融投資家を当事者に含む株主間契約とでは，株主間契約を締結する目的や主な契約内容に大きな差異はないものの，金融投資家と事業会社とでは投資先会社に対するスタンスが異なるため，これまで述べてきた事業会社同士の株主間契約では当然に規定された内容が規定されなかったり，事業会社同士の株主間契約では特段規定されることがない内容が規定されたりすることがある。

　そこで，本章では，金融投資家，特にPEファンドとVCファンドが株主間契約に参加する場合において，留意すべき事項について概説する。

1　PEファンドが当事者の場合

(1)　PEファンドが当事者となる株主間契約

　PEファンドとは，安定したキャッシュフローを生み出す企業（主として成長期，成熟期になる企業）を投資の対象とし，対象企業の支配権（通常は，議決権の過半数から100％）を取得する手法により投資を行う投資主体であり，非公開株式（上場株の非公開化を含む）を投資対象とするファンドである。

　PEファンドは，買収した対象会社の企業価値を高め，数年の投資期間後に対象会社を売却することによって投下資本の回収を図る。そのため，投資効率を高め，投資家へのリターンを最大化するために，PEファンドの自己資金に加えて，対象会社のキャッシュフローを返済原資とする買収ファイナンスによる資金調達[1]を行う例が多い。

　買収ファイナンスは，PEファンドによる投資効率を高めるために，通常のコーポレートローンに比して負債比率が高くなることから，貸付人となる金融機関は，同順位債権者の排除[2]，買収者たる借入人が保有する対象企業の株式，借入人及びその子会社の全資産に対する担保等によって返済原資を確保できるように手当をするのが通例である[3]。

　PEファンドが当事者として株主間契約を締結する場面として，概ね以下の場合が考えられる。

　①　PEファンドが第三者と共同して買収を行うため，当該第三者との間で株主間契約を締結する場合

1　いわゆるLBO（Leveraged Buyout）ローン。
2　具体的には，対象企業の（他の金融機関に対する）既存債務をあらかじめ返済させ（その返済資金も含めて借入人に貸し付ける），LBOローンにおいても貸付人が他の借入人の債権者に劣後しないようにする義務を定める等の方法により行われる。
3　大久保涼編『買収ファイナンスの法務（第2版）』（中央経済社，2018年）3頁。

②　PEファンドが買収対象会社の株式の一部を取得し，既存株主との間
　で株主間契約を締結する場合

又は

③　経営陣に対してインセンティブ・プランとして株式又は新株予約権を
　付与し，当該経営陣との間で株主間契約を締結する場合

①及び②の場面では，投資先会社のガバナンス，事業運営，投資先会社の
株式の処分等が株主間契約で規定されるため，これまで第2編及び本編第1
章において事業会社同士の株主間契約に関して述べた内容が基本的に当ては
まる。

しかしながら，新たに投資を行う事業会社又は投資先会社の既存株主は，
原則として投資先会社に対する長期的な関係を前提としているところ[4]，PE
ファンドは，買収対象会社に対する投資後，一定の投資期間をかけて投資先
会社の企業価値を向上させ，同社株式を売却する（エグジット）するという
投資サイクルを前提にしている。

したがって，PEファンドと事業会社又は投資先会社の既存株主とでは，
投資先会社に対する基本的な姿勢が異なり，このような基本的な姿勢の差異
が，下記で述べるとおり，株主間契約における各条項に影響を与えることに
なる。

また，LBOローンでは，買収対象会社の事業運営をモニタリングすると
いう観点から，通常のコーポレートローンに比べて厳しい誓約事項が課せら
れることが通例であり，株主間契約上，他の株主が有する権利の行使が
LBOローンにおける貸付人の事前承諾事項に該当しないかという観点から
も株主間契約の内容に注意を払う必要がある。

以下では，PEファンドが株主間契約の多数株主となるケースを想定して，

4　既存株主については，例えば高齢となった創業者による事業承継案件の場合
　には，既存株主も近い将来資本関係を解消することを念頭においている場合も
　ある。

PEファンドの特性ゆえに交渉上ポイントとなる点について概説する。

⑵　PEファンドによるエグジット確保

①　株式の譲渡制限期間（ロックアップ期間）

　第2編第4章①(1)で述べたとおり，株主間契約においては，株主間契約の当事者が，一定期間合弁事業に関与し事業の成長・拡大に関与することが想定されていることから，合弁会社株式の譲渡を一定期間制限することが一般的である。

　しかしながら，一定の投資期間後に投資先会社の株式の売却（エグジット）を前提としているPEファンドからすれば，かかるエグジットの機会を制限することになる株式の譲渡制限はPEファンドの性質上受け入れ難い側面がある。

　一方，株主間契約の相手方が事業会社である場合，事業会社の観点からは，PEファンドとの共同投資が投資先会社の事業運営における前提となっているにもかかわらず，PEファンドが投資先会社の株式をいつでも自由に譲渡できるとすると投資先会社に対する投資の前提が崩れてしまうので，譲渡制限の期間やその例外について，交渉の対象となることが多い。

②　株式譲渡先の制限

　事業会社同士の合弁契約であれば，合弁会社の株式の譲渡に関して，原則として当該株式の譲渡は相手方株主の同意が必要とされているが，一定の要件を満たした場合には相手方株主の同意なく合弁会社の株式を譲渡することが許容される場合がある。

　例えば，一方の株主が第三者に対して自己が保有する合弁会社株式を譲渡したい場合に，他方の株主に対して先買権を与え，他方の株主が先買権を行使しない場合には一方の株主は当該株式を第三者に譲渡することが許容される旨が規定されている例は比較的一般的である。

　しかしながら，エグジットの機会を広く確保したいと考えるPEファンドの立場からすれば，そもそも先買権の対象となっていること自体が譲渡の可能性を大きく下げる要因となる[5]ことから，先買権の設定自体が受け入れ難く，株式の譲渡に関する規定については交渉の重要な論点となることが多い。

　PEファンドのエグジット確保という観点から，PEファンドが当事者となる株主間契約においては，株式の譲渡制限の先買権に類似又は関連する優先買取・優先交渉に関する権利として，「right of first offer」，「first look」，「last look」といった権利が株主間契約においては議論され規定されることがあるが，これらの用語の用法については，第2編第4章[1](3)を参照されたい。

③　株式上場努力義務・株式上場請求権

第●条（株式上場努力義務）

1．各株主は，本契約締結日から●年以内に本会社の株式の上場（以下「IPO」という。）を実現させるべく努力する。

2．前項の努力義務は，本株主が，本契約に従って，第三者への本会社の株式の譲渡その他IPO以外の方法により本会社への投資の回収（エグジット）を行うことを妨げるものではない。

第●条（株式上場請求権）

1．株主Xは，本会社をしてIPOをさせる権利を有し，株主Xがかかる

5　株主間契約において定められた先買権行使のタイミング等にもよるが，例えば，買主候補からすると，コストをかけてデューデリジェンス等を行ったにもかかわらず先買権が行使され現株主に買い取られてしまうリスクがあるため，そもそも買主候補が見つけづらい構造となりうる。

権利を行使した場合には，本契約当事者は，IPO及びその準備のために必要と株主Xが判断する一切の事項（金融商品取引所又は主幹事証券会社等から指摘を受けた事項への対応を含むがこれに限られない。）を行う。

2．株主X及び株主Yは，IPOの準備に関連して主幹事証券会社等から要求された場合には，その保有する本会社の株式の売却その他の処分を一定期間制限する慣例的な様式のロックアップ契約を締結する。

PEファンドによるエグジット戦略は，基本的に相対による株式譲渡又はIPOのいずれかである。そして，PEファンドと事業会社が共同で買収を行った案件でも，取引案件の規模が大きく相対取引による買主を見つけることが困難な場合や株式市場が好況な場合などにおいては，相対取引による株式譲渡の譲渡ではなくIPOが指向される場合がある。

また，PEファンドがエグジットとしてIPOを行うことを念頭に，買収後に事業会社をストラテジック・パートナーとして投資先会社に資本参加させる場合もある。これらの場合において，株主は株主間契約において，投資先会社の事業運営上，IPOを行うことを目的としていることを規定し，一定期間内にIPOを実現するべく努力する義務を規定することがある[6]。

また，IPOを行うか否かを決定するのはあくまでも投資先会社であるため，PEファンドが株主として投資先会社に対してIPOを請求する権利を有する

6　PEファンドの観点からは，IPOはあくまで投資回収手段の一つにすぎないため，IPO実現に向けた努力義務を規定しつつも，他の投資回収手段は妨げられないこと等を規定することがある（サンプル条項参照）。また，有利な条件で第三者に投資先会社を譲渡できる場合には相対取引による株式譲渡が優先する等，IPOと相対取引による株式譲渡との優先関係について規定する場合もある。

よう株主間契約で規定しておくことがある[7]。

　株主より当該権利が行使された場合には，株主間契約の当事者はIPOを実現するために必要な手続を行う義務を有する旨が規定されることがあるが，どのタイミングでIPOを行うか，IPOにおける株式売出価格をどのように設定するか等についてどの程度PEファンドがコントロール権を有するかが交渉の対象となることが多い[8, 9]。

　株式公開請求権が行使された場合における他の株主の株式公開に必要な手続に協力する義務（以下「株式上場協力義務」という）の有効性について，東京地判平成25年2月15日判タ1412号228頁では，株式上場協力義務の具体的内容が明らかではないことからその有効性を否定しているが，本判決は，株式上場協力義務が規定された契約の目的及び性質，株式上場義務に違反した場合の効果等の事情を考慮して，当該事案における当事者の合理的な意思解釈の結果，株式上場協力義務の効力を否定した判決であり，株式上場協力義務の法的拘束力の有無について一般的に論じたものではないと考えられ

7　株式上場のためには，定款変更によって株式の譲渡制限を解除し，公告方法を一般日刊紙又は電子公告に変更する必要がある。会社の定款変更は原則として株主総会の特別決議事項に該当するため，少数株主が3分の1を上回る議決権を有する場合には，PEファンドに株式上場請求権があっても，一方株主は定款変更に係る株主総会決議に反対することによってIPOを阻止することが可能となる。したがって，PEファンド株主が，一方株主の同意なく，株式公開請求権を投資先会社に対して行使することができる場合であっても，一方株主がIPOの実現に向けて協力する義務を併せて規定しておく必要がある。

8　IPOを進める際には，独立役員の選任，その他の合弁会社のガバナンス体制の変更が求められる。例えば，独立役員をどのように選出するのか等について，あらかじめ株主間契約で定めておくことも考えられるが，実務上は，株主間契約においてはIPOの実現に向けて必要な手続を行う旨の抽象的な規定を置くにとどめて，かかる必要な手続の一環として，上場審査基準を満たすために必要なガバナンス体制への変更等の手続を進めることが多い。

9　上記のように，株主間契約においてPEファンドがIPOによるエグジット機会を広く確保するという観点から述べてきたが，LBOローンの文脈では，株式の公開はLBOローンの貸付人の事前の承諾が必要とされていることが一般的である。

る[10]。

　しかしながら，株式公開請求権及び株式上場協力義務を株主間契約上で規
定する際に，抽象的な努力義務にとどまる場合には，いかなる場合に義務違
反があったといえるのか明確ではなく，また，違反した場合の有効な救済手
段も想定し難いことから，IPOによるエグジットまでの一連の手続の中で，
どのような具体的な義務が当事者間で想定されているかという点を踏まえて，
具体的な義務の内容を規定することが望ましい。

④　IPO時における優先売出権

　投資先会社によるIPOが実行される場合に，株主が保有している投資先会
社の株式について，各株主の持株比率に応じて，平等に売出しが行われるの
が公平であり，本来の姿であるといえる。

　しかし，PEファンドと事業会社が株主の場合には，PEファンドの立場か
らは，エグジットの機会を確保するために，自らが保有している投資先会社
の株式をより優先的に売り出したいと考えており，その一方で，事業会社の
立場からはIPO後も投資先会社との間で一定の資本関係を維持したいという
要望を持つことがある。したがって，IPO時における株式の売出しについて，
PEファンドがどの程度優先的に売出しに参加する権利を有するかが交渉の
対象となることが多い。

⑤　IPOと株主間契約の効力

第●条（契約の終了）
1．本契約は，効力発生日から効力を有し，以下のいずれか早い時点ま
　　で効力を有するものとする。

10　白井正和「株主間契約における上場協力義務の法的拘束力が否定された事例」
　　商事2144号53～59頁（2017年）。

　(1)　両株主が書面により本契約の終了について合意したとき。

　(2)　本契約が解除されたとき。

　(3)　いずれかの株主が，本会社の株式を一切保有しなくなったとき。

　(4)　株主総会において本会社の解散が決議されたとき。

2.　前項に定める場合のほか，本契約は，金融商品取引所に上場申請を行った場合には当該申請の直前時点において終了するものとする。但し，当該上場申請にかかる上場承認予定日に上場承認がなされなかった場合，上場承認が取り消された場合又は上場承認後6ヶ月以内に上場しなかった場合には，当該解除合意書にもかかわらず，本契約は遡及的に終了していなかったものとみなされる。

　上場審査にあたって，企業経営の健全性の項目として新規上場申請者の企業グループの経営活動が親会社等からの独立性を有する状況にあると認められることが要件とされている[11]。

　したがって，上場申請会社の株主間で締結されている株主間契約においては，上場申請が行われる直前[12]にその効力を失う旨が規定されることが一般的である。

　しかしながら，証券取引所に対して上場申請が行われてから実際に上場されるまでに数週間を要することから，株主間契約の効力が失われた後に，IPOが行われなかったという場合が想定される。

　そこで，IPOによる株主間契約の効力の喪失に関する条項において，IPOが実現しなかった場合には，効力を失った株主間契約の効力が復活する旨を

11　東京証券取引所においては，有価証券上場規程207条2号，上場審査等に関するガイドラインⅡ3(1)a及び2020〜2021新規上場ガイドブック（市場一部編）Ⅳ上場審査に関するQ&A2(3)。

12　上場が承認されるまでと規定されることもある。

規定しておくことが望ましい（サンプル条項第2項参照）。

⑥　強制売却請求権（drag-along right）と共同売却請求権（tag-along right）

　第2編第4章①(4)で述べたとおり，投資先会社の株主が自らの株式を第三者に譲渡する場合，他の株主にも同時に株式を当該第三者に譲渡することを強制する強制売却請求権（drag-along right）が株主間契約で規定されることがある。

　PEファンドとしては，エグジット手段を確保するため，自己の株式の処分を可能な限り自由に行うことができるのみならず，買主候補に譲渡する際に，なるべく多数（できればすべて）の株式を譲渡対象とすることによって買主候補を増やすとともに売買価格を引き上げるべく，投資先会社の他の株主が保有する株式（新株予約権等の潜在的株式を含む）についても自らと同時に買主候補へ譲渡することを強制することができる強制売却請求権（drag-along right）を要求することが一般的である。

　また，LBOローンの貸付人の観点からは，投資先会社の財務状況が悪化した場合に，投資先会社の株式に設定された担保権を実行して貸付金の回収を行うことが想定されているものの，当該株式が投資先会社の発行する株式の一部（借入人であるPEファンドの保有分）のみであれば，買主候補が現れにくく，かかる株式担保の実行が事実上困難となるおそれがある。

　したがって，LBOローンに係る金銭消費貸借契約では，PEファンドが締結する株主間契約に必要な要件として株式担保実行の場合における強制売却請求権（drag-along right）が規定されていることを求められることが多い。

　一方，上記の強制売却請求権（drag-along right）はあくまでPEファンドの権利であり，仮にPEファンドがその権利を行使しなかった場合には，他の株主は譲渡対象になるとは限らないことになる。

　特に他の株主が少数株主にとどまる場合には，PEファンドのエグジット後に取り残され，コントロール・プレミアムの分配を受けられないのみならずそのまま塩漬けになってしまうリスクも生じかねないことから，強制売却請求権（drag-along right）とセットで，他の株主が希望すればPEファンドと同時に同条件で同じ買主に対する譲渡を行うことができる共同売却請求権（tag-along right）を付与する例も多い。

(3)　拒否権事項に関する留意事項

①　投資先会社の事業の内容の変更

　PEファンドの立場からは，買収した会社が複数の事業を行っている場合に，選択と集中の観点から非中核事業を売却したり，新規事業を開始したりすることによって，経済合理性が高まり，投資先会社の企業価値が向上するという場合がある。

　一方で，事業会社である株主の立場からは，運営されている事業の内容の変更は投資先会社に対する投資の前提に関わることから，投資先事業の同一性を維持したいという場合もある。

　しかしながら，かかる事業会社からの要請は，PEファンドによる企業価値向上のための再編を妨げるおそれがあることから，事業内容の変更の可否についてPEファンドの判断で行うことができるように他の株主に対する拒否権の対象から除外するよう求められることがある。

②　投資先会社の借入れ

　投資先会社による借入れについては，株主間契約上，少数株主に対して一定の拒否権が与えられる場合が多いが，PEファンドが多数株主となる場合には，以下の理由により，これが与えられない例が比較的多い。

　PEファンドによる買収案件では，PEファンドは，投資先会社のキャッシュフローをベースに原則としてすべての資産に担保権を設定して，ノン・

リコースローン（LBOローン）によって買収資金を調達することが一般的である。

　LBOローンは，通常のコーポレートローンと比較して，利息が高く，また，財務制限条項や誓約事項も厳しい内容となっている。そこで，買収後に投資先会社のキャッシュフローが順調に推移し，LBOローンの返済が進んだ段階で，LBOローンをより借入人に対する負担の軽い通常のコーポレートローンに切り替えることが多い（リファイナンス）。

　このようにリファイナンスの時期，内容，金融機関等の交渉等については，PEファンドの投資リターンに直結するので，PEファンドの判断で行うことができるように他の株主に対する拒否権の対象から除外するよう求められることが多い。

　また，PEファンドは基本的に投資先会社の株式の売却によって投下資本の回収を行うことになるが，一定の場合には，返済が進んできたLBOローンの借換えを行うと同時に投資先会社に留保された余剰キャッシュを株主に配当等により還元することで，投資先会社における資本構成の再編成を行うことがある（リキャピタリゼーション）。

　この場合にも投資先会社は新たに借入れを行うことになるため，かかる借入れの時期，内容，金融機関等の交渉等についてはPEファンドが自らの判断で行うことができるように，他の株主の拒否権の対象から除外するように交渉が行われることが多い。

③　設備投資・M&A

　投資先会社における設備投資及び投資先会社によるM&Aについては，事業運営に与えるリスクが大きいため，事前に承認された事業計画の範囲内でなければ，株主間契約上は少数株主の同意が必要となる場合が一般的である。

　しかしながら，PEファンドが投資先会社を買収する場合，投資先会社に

加えて，他の同業他社を追加的に買収して，投資先会社の規模及び市場における
シェアを高め，かつ，買収した投資先会社の経営資源を統合することに
よる相乗効果によって企業価値を高める手法（ロールアップ買収）を検討し
ている場合がある。

　そのような場合に投資先会社における設備投資及びM&Aについて他の株
主の同意が必要となれば，迅速な事業運営・経営判断に支障が生じるおそれ
が懸念される。

　そこで，PEファンドがロールアップ買収を検討している場合には，株主
間契約において，一定の要件を満たす設備投資及びM&AについてPEファン
ドの判断で実行することができるように他の株主の拒否権の対象から除外し
ておくように交渉が行われることがある。

④　インセンティブ報酬

　PEファンドは，投資効率を向上させるために，経営陣に対してインセン
ティブ報酬として，投資先会社の株式又は新株予約権を付与する場合が多い。

　しかしながら，投資先会社における新株の発行，自己株式の処分，新株予
約権の付与等の資本取引については株主間契約上，他の株主の同意が必要な
事項とされることが一般的であることから，PEファンドから経営陣に対す
るインセンティブ報酬については，投資先会社における持株比率[13]が一定の
比率を超えない範囲で，PEファンドが他の株主から干渉されることなく，
インセンティブ報酬の設計，発行及び付与することができるように他の株主
の拒否権の対象から除外するように交渉されることがある。

13　ここでいう持株比率は，インセンティブ報酬として付与されている新株予約
　　権等，投資先会社が発行している潜在的株式がすべて株式となった場合におけ
　　る当該新株予約権等の付与対象者が保有することになる希釈化後の持株比率を
　　意味する。

⑷　誓約事項に関する留意事項

①　資金拠出義務

　PEファンドは，買収対象会社の買収時に投資家からキャピタル・コールにより資金を調達するが，買収実行後は原則として投資先会社に追加出資を行うことは想定されていない。したがって，第2編第3章⑧で述べたような合弁会社に関する株主間の資金拠出義務について，PEファンドは，その性質上，事業会社と同レベルの追加出資や貸付けの義務等を負うことは困難であることが通常である。

　また，相手方株主からPEファンドに対するプットオプションは，PEファンドの立場からすれば，投資先会社に対する追加の資金拠出となるため，追加出資義務と同様の問題があり，プットオプションの負担を負うことも困難であることが通常である。

②　競業避止義務

　第2編第3章⑦で述べたとおり，合弁会社の株主同士は，合弁会社と同種の事業を行うことがないように株主間契約の期間中及び株主間契約が終了してから一定期間の間，競業避止義務を負うことが多い。しかしながら，PEファンドは，同種の業態に対して，複数投資を行っているケースも多く，むしろそのような同時並行に行っている投資先との連携，ノウハウの活用，統合等を通じて，投資先会社の企業価値を高めていくという手法を活用する。したがって，かかるPEファンドの性質上，投資先会社が行っている事業との競業避止義務は受け入れることが難しいため，PEファンドの競業避止義務の有無及びその範囲について交渉の対象となることがある。

⑸　インセンティブ報酬と株主間契約

　PEファンドは，投資効率を向上させるために，経営陣に対してインセンティブ報酬を付与する場合が多い。したがって，投資実行後に，PEファンドは，経営陣に対して，ストックオプションとしての新株予約権を付与したり，買収対象会社の株式を取得させたりすることがある。そのようなインセンティブ報酬を付与された経営陣は，潜在的又は現実の合弁会社の株主となるため，他の株主との間で株主間契約を締結する必要が生じる。

　しかしながら，このようなインセンティブ報酬で付与される新株予約権又は株式の比率は全体からみてごく少数にとどまることから，ガバナンス，事業運営，投資先会社の株式の処分等に関して，既存の株主間契約に関与させる必要は乏しく，PEファンドの立場からは，エグジットに支障が生じないように，必要な範囲でかかる経営陣との間で別途の株主間契約[14]を締結することが多い。

　インセンティブ報酬を付与された経営陣との間の株主間契約では，①経営陣における株式の譲渡制限，②PEファンドの強制売却請求権（drag-along right）と経営陣の共同売却請求権（tag-along right），③経営陣が退任した場合の取扱い，④投資先会社がIPOを行った場合におけるロックアップ契約の締結義務等が規定されることが多いが，インセンティブ報酬を付与された経営陣との株主間契約において特に留意すべき事項は以下のとおりである。

　PEファンドの強制売却請求権（drag-along right）及び経営陣の共同売却請求権（tag-along right）（上記②）は，PEファンドがエグジットするにあ

14　かかる株主間契約は，投資先会社の株主と役員との間で締結されることから，経営委任契約において，役員に対して付与されたインセンティブ報酬に関する取扱いについて定めることもある。

たって，インセンティブ報酬が付与されている経営陣が保有する投資先会社の株式又は潜在株式を，買主候補である第三者に確実に譲渡することができるようにする目的で規定される。インセンティブ報酬が新株予約権の場合は，PEファンドは新株予約権のままでの譲渡[15]又は新株予約権を行使した上で発行される投資先会社の株式の譲渡[16]のいずれの場合にも対応できるように規定しておくことが一般的である。

　なお，投資先会社の株式を取得する第三者が投資先会社の議決権の90％以上を取得するのであれば，残りの投資先会社の株式と新株予約権を対象として，株式等売渡請求（会社法179条）によって，強制売却請求権（drag-along right）を行使することなく，PEファンドは新株予約権者である経営陣を強制的にキャッシュアウトし，円滑なエグジットを確保することが可能であるが，逆に，買主が90％以上を取得しない場合にはこれが不可能であることから，強制売却請求権（drag-along right）により経営陣を強制的にキャッシュアウトさせる手段を確保するニーズは大きい。

　経営陣が退任した場合の取扱い（上記③）については，インセンティブ報酬の趣旨からは，退任した時点で，経営陣が保有している株式及び新株予約権を投資先会社又は投資先会社が指定する者に対して譲渡させることが考えられるが，退任した際の事由に応じて，当該経営陣が退任して以降もインセ

15　付与されている新株予約権が適格ストックオプションとして設計されている場合，新株予約権の譲渡制限が解除された時点で給与所得として課税されるため，適格ストックオプションの目的を達成することができない点に留意する必要がある。また，インセンティブ報酬として付与された新株予約権は，新株予約権者が投資先会社の役員又は従業員であることを行使条件としていることが一般的であるため，新株予約権を取得する第三者が当該新株予約権を行使することができず，新株予約権の会計上の評価が名目上の価額にとどまることがある。

16　新株予約権を行使した上で投資先会社の株式を譲渡する方法を選択する場合，役員が新株予約権を行使するために必要な資金の手当ての要否について検討する必要がある。

ンティブ報酬を保持させた上で，エグジットのタイミングでインセンティブ報酬を行使することを許容させる場合もある。

　そこで，実務上は，インセンティブ報酬を付与された経営陣が投資先会社の役員又は従業員を辞任した場合であっても，投資先会社の取締役会が別途承認した場合には，新株予約権の行使を認める旨を規定しておくことがある[17]。

2 VCファンドが株主の場合

(1)　VCファンドが当事者となる株主間契約

　将来性のある事業アイデアはあるが，銀行等の一般的な金融機関から資金調達を行うために担保となる資産や基本となる事業収益の基盤がないため，銀行等から資金調達を行うことができないスタートアップ企業にとっては，VCファンドによる出資は重要な資金調達手段となる。

　VCファンドは，スタートアップ企業の将来性を評価して先行投資を行い，最終的にはIPO等によって投下資本の回収を図るという投資サイクルを有しており，PEファンドに類似した性質を有している。

　ベンチャー投資にあたっては，主にVCファンドと投資先会社（及び創業株主）との間で投資に関する条件を定める投資契約に加えて，VCファンド，創業株主及び既存株主の間で投資先企業の事業運営等に関する内容を定める株主間契約を締結することが多い[18]。

---

[17]　米国におけるインセンティブ報酬の実務では，退任した事由に応じて，新株予約権のうち既に権利が確定した範囲でその行使を認めたり，退任した時点ですべての新株予約権が消滅する等詳細な規定を置く場合が多い（いわゆる，good leaver/bad leaver条項）。

[18]　当然ながら締結される契約の種類は投資案件ごとで異なる。例えば，株主間契約において定めるような内容についても投資契約で定め，株主間契約は別途締結しないという場合もあれば，エグジットに関する事項を別途定めた財産分配契約を株主及び投資先会社と合意する場合もある。また，これらの契約の名

　そこで締結される株主間契約では，本章□で述べた内容のうち，特にエグジットの確保という観点で述べた内容については，VCファンドを当事者とする株主間契約においても同様に当てはまることになる。

　一方で，投資対象となる会社がスタートアップ企業であるため，①基本的な事業運営は経営陣に委ねられていること，②資本参加の方法は株式譲渡ではなく，新株発行の引受等を通じた出資による場合が多いこと，③資金調達としての側面が強いことから，既存株主より経済面で優先された種類株式が発行される場合が多いこと，④投資会社の事業規模が拡大するに従ってさらなる投資家の参加が予定されていること，⑤LBOローンが付随しないこと等の点ではPEファンドと異なる性質を有している。

　そこで，VCファンドを当事者とする株主間契約を締結する場合は，PEファンドの場合と異なり，以下の点について留意する必要がある。

(2)　投資先会社の経営への関与

①　経営専念義務

第●条（経営専念義務・競業避止義務）
1．創業者株主は，本契約締結日後●年間，株主Xの書面による事前の承諾がない限り，本会社の取締役を任期満了前に辞任しないものとし，かつ，任期満了時に本会社の取締役として再任されることを拒否してはならない。但し，疾病その他やむを得ない事由により職務を執行することが不可能となった場合は，この限りではない。
2．創業者株主は，本会社の役員又は従業員としての地位にある間は，株主Xの書面による事前の承諾がない限り，本会社の役員又は従業員

　　　　　　称も必ずしも定まったものではないため，各契約書において，どの当事者間で，
　　　　　どのような内容が規定されているのかという点について個別に確認しなければ
　　　　　ならない。

> としての職務の遂行に専念するものとし，他の会社，団体又は組織の役員又は従業員を兼任又は兼職してはならず，自己又は第三者をして本会社の事業と競業する事業を実施してはならない。
>
> 3．創業者株主は，本会社の役員又は従業員のいずれでもなくなった日から●年間，株主Xの書面による事前の承諾がない限り，本会社の事業と競合する事業を営む会社，団体又は組織の役員又は従業員に就任してはならず，また，自己又は第三者をして本会社の事業と競業する事業を実施してはならない。

　ベンチャー投資において，VCファンドは創業者の事業の将来性に投資を行うため，原則として事業運営に自ら積極的に関与することはなく，事業の拡大・成長は創業者による事業運営に委ねられている。

　したがって，VCファンドの立場からは，創業者兼既存株主に対して，事業運営に専念してもらうために，株主間契約において，ベンチャー投資後一定の期間は，投資先会社の取締役の職を辞任してはならない旨[19]を定めるとともに，創業者株主退任後の競業避止義務を規定することが多い。

19　会社と取締役との間に取締役の辞任を制限する特約があった場合に，その特約は無効であり，取締役の辞任の効力に影響がないとする裁判例があるが（大阪地判昭和63年11月30日判時1316号139頁），このような特約を一切無効とする根拠はなく，辞任を制約する必要性及び相当性の観点から合意の有効性について審査すべきとする見解もある（田中亘＝森濱田松本法律事務所編『会社・株主間契約の理論と実務』（有斐閣，2021年）396頁〔松尾健一〕）。株主間の契約であれば，辞任の効力が否定されることはないと考えられるが，株主間契約の当事者に会社が含まれる場合であっても，実務的には取締役の地位を辞任することができない旨だけを規定されていることが多く，当該条項に違反して創業者が辞任した場合であっても，それは辞任してはならないという不作為義務に違反しただけであることから，義務違反に基づく損害賠償責任が発生するにとどまると考えられる。

②　オブザーバーの指名権及び情報請求権

　ベンチャー投資は，投資先企業の資金調達の需要に応じて実行されることから，議決権の過半数の取得等，投資先企業の支配を目的としてないことが多い。

　したがって，VCファンドが単独で投資先企業の議決権の過半数又は少数株主として相当程度の議決権比率を取得することは少なく，議決権比率が小さい場合には，VCファンドによるガバナンスへの関与はかなり限定的となり，VCファンドが取締役の指名権を有してないということも多い。

　一方で，事業の将来を評価して投資を行っているVCファンドは事業運営に対して一定のモニタリングを行う必要もあり，その観点から，投資先会社における財務状態等についても正確に把握しておく必要がある。

　そのため，投資先会社の取締役の指名権がないVCファンドの一部はオブザーバーを指名する権利を確保することがあるほか，投資先会社から一定の財務情報等を提供するよう株主間契約に規定することが一般的である[20]。

(3)　種類株式の活用

①　種類株式

　VCファンドによる出資に際しては，普通株式と異なる権利内容を定めた種類株式を発行する例が多い。種類株式で定めることができる権利の内容は会社法108条1項各号に定められているが，VCファンドによる投資において発行される種類株式の内容としては，以下の内容の1つ又は複数を組み合わせて設計されるのが通例である。

　20　後述するように，ベンチャー投資では，第三者による後続する資本出資が予定されている場合が多く，投資先企業が買収されるかIPOするまでは，複数の少数派株主がスタートアップ企業に資本参加することも少なくない。その場合に，いずれの株主もオブザーバーの指名権を有しているとなると，多くのオブザーバーが取締役会に参加することになるため，たとえ議決権を有していなくても，発言権があるオブザーバーが多数になれば取締役会の運営に支障が生じるおそれがあるため，留意する必要がある。

(a)　剰余金の配当・残余財産の分配（1号及び2号）：

VCファンドについて，剰余金の配当又は残余財産の分配を普通株式よりも優先した内容とすることができる。

(b)　議決権制限株式（3号）：

種類株主が議決権を行使することができる決議事項を制限することができる。したがって，種類株主について，経済的権利を普通株主よりも優先する一方で，無議決権株式としてガバナンスに対する関与を制限することができる。上記(a)と組み合わせることで，資本出資という形式をとりつつ，実質的にはデットファイナンスに近い性質を持たせることが可能となる。

(c)　取得請求権付株式（5号）：

種類株主は，発行会社に対して，保有する種類株式の取得を請求し，定款で定められた取得の対価と引き換えに，種類株式を譲渡することができる。例えば，上記(a)及び(b)に規定される内容を定めた種類株式については，発行会社が上場する場合等では普通株式に転換できるようにしておくことで，上場に際して発行会社の種類株主も自己が保有する株式を株式市場で譲渡することが可能となる。そこで，種類株式を普通株式に転換できるように，種類株式の内容として，普通株式を取得の対価とする取得請求権を規定しておくことがある[21]。

(d)　取得条項付種類株式（6号）

ベンチャー投資では，投資先企業が株式上場を目指していることが多く，金融商品取引所が新規上場申請に際して原則として優先株式のま

21　株式公開を見据えて種類株式を普通株式に転換したにもかかわらず，市場環境の変化等を理由に，上場申請の取り下げなど，株式公開が行われなくなった場合には，転換した普通株式を元の種類株式に戻す旨が規定されることもある。もっとも，その手続については，取得条項等を用いることができないため，現実的に実現可能な方法につき検討を要するであろう。

まで株式公開を行うことを認めていないことから[22]，投資先企業の取締役会において新規上場を行うことを決議したこと等を取得事由として，普通株式を対価とする取得条項を定めることが多い。当該条項によって，発行会社の側から投資家に対して強制的に種類株式を普通株式に転換させ，円滑に上場申請手続を進めることができる。

(e)　拒否権付種類株式（8号）

株主間契約においては，少数株主に対して，一定の事項について同意権又は拒否権を与えることがあるが，それと同様の内容を株式の内容として定めることができる。しかしながら，種類株式の内容として定めることで，商業登記簿上も少数株主の拒否権の内容が公開されてしまうことを少数株主が望まないことが多いというデメリットに加えて，会社法上いかなる内容・範囲について拒否権を与えることができるのか（すなわち会社法の強行法規性に反しないか）が，必ずしも明らかではないことから，実務上は株主間契約における拒否権事項と同様の内容を拒否権付種類株式の内容として規定することは必ずしも一般的ではない。

このような種類株式を発行している場合には，会社法上種類株主を保護するために，一定の事項について種類株主全員の同意又は種類株主のみで構成される種類株主総会の決議が必要とされる場合がある（会社法322条1項等，**図表3-2-1**「会社法上種類株主全員の同意が必要とされる事項」及び**図表3-2-2**「会社法上種類株主総会による決議が必要とされる事項」参照）。

一部の決議事項については，定款によって種類株主総会の決議を要しない旨を定めることで当該決議を免除することが可能となるが（会社法322条2

22　東京証券取引所においては，有価証券上場規程205条9号の2。

項・3項），会社法上必ず種類株主総会決議が必要となる場合もあるため（同条3項但書），多数株主としては，少数株主の保有する株式を種類株式とする場合，これら種類株主総会決議が必要となる事項について注意を要する[23]。

図表3-2-1　会社法上種類株主全員の同意が必要とされる事項

No.	同意事項	根拠条文（会社法）
1	種類株式に取得条項を付すとき	111条1項
2	取得条項付種類株式の取得条項の内容を変更するとき	111条1項
3	ある種類株式について，種類株主総会の決議を要しない定款の定めを設けるとき	322条4項

図表3-2-2　会社法上種類株主総会による決議が必要とされる事項

No.	決議事項	根拠条文（会社法）
1	種類株式に譲渡制限を付すとき	111条2項
2	種類株式に全部取得条項を付すとき	111条2項
3	譲渡制限種類株式を発行するとき	199条4項
4	譲渡制限種類株式を目的とする新株予約権を発行するとき	238条4項
5	下記の事項を決議する場合に，ある種類株式の株主に損害を及ぼすおそれがあるとき (1)　株式の種類の追加及び内容の変更並びに発行可能株式総数（発行可能種類株式総数）を増加する定款の変更 (2)　特別支配株主の株式等売渡請求に係る承認	322条1項

23　例えば，譲渡制限が付されている種類株式の発行については，当該種類株式に係る種類株主総会が必要とされていることから（会社法199条4項），株主間契約上は新株発行について多数派株主が単独で決定することができる旨の規定が定められていたとしても，少数派株主が種類株式を保有しており，当該種類株式を新たに発行する場合には，定款で当該種類株式の株主を構成員とする種類株主総会の決議を要しない旨を定めていない限り，会社法上当該少数派株主による同意が必要となる点に注意する必要がある。

(3)　株式の併合又は分割 (4)　株主割当による株式又は新株予約権の発行 (5)　合併等の組織再編

⑷　追加の資金調達

　ベンチャー投資を受け入れるスタートアップ企業は，事業の収益構造が確立する前にさらなる先行投資によって事業規模の拡大を行う必要があるため，継続的な追加の資金調達が必要となることがある。

　しかし，投資先会社による新規株式の発行は投資先会社の資本構成に関わる重要な事項のため，少数株主の同意が必要とされている場合が多い。

　また，既に複数回の資金調達が実施されているスタートアップ企業においては，少数株主に単独の拒否権を与えるのではなく，投資家株主のうち一定の議決権割合による承認をもって当該投資家株主から承認を得たものとしてみなすとの取扱い行うこともある。

　新株発行について少数株主が単独の拒否権を有しておらず，また，投資家株主の多数による新株発行に関する承認がなされた場合，少数株主としては，自らが保有する議決権が希薄化するリスクがある。

　そこで，VCファンドの観点からは，自己の議決権比率を維持するために新株引受権を確保しておく必要があることに加えて，優先株式を保有している場合で，新たに発行される株式も優先株式であるときには，自己が保有する種類株式の経済的優先権が劣後しないようにするため，他の種類株式と比較して劣後した取扱いがなされないようにする旨（最恵国待遇）[24]を規定し

　24　具体的な規定の方法としては，①自己に有利な条項があれば自動的に適用される旨の規定，②自己に有利な条項があった場合に会社に対して通知義務を負わせ，既存投資家から要請があれば，当該条項の適用を受けることができる旨の規定，または③単に会社側が通知義務を負うにとどまり，有利な条項の具体的適用については，既存投資家と投資先会社または創業者との間で別途合意す

ておくことが考えられる。

　上記のとおりベンチャー投資においては投資家による資金調達が継続的に行われることが想定されているため，株主間契約は，多数の投資家が追加で当事者として参加することが想定される。

　通常，事業会社同士による合弁契約の場合に新たに株主が参加すれば，既存の権利関係に大きな影響を与えることから，株主間契約を再交渉して，修正した内容で再締結することも少なくない。一方で，ベンチャー投資の場合は参加する少数株主の立場が既に存在する少数株主の立場と類似することが多いため，新たに参加する少数株主は，株式間契約への追加参加同意書（ジョインダー）を提出し，既存の少数株主と同じ権利を有し義務を負う形で既存の株主間契約に参加するという方法がとられることも少なくない。

(5)　みなし清算条項

> 第●条（みなし清算）
> 1．本株主は，(i)本会社につき支配権移転事由に該当する取引が生じる場合（但し，合併により本会社が消滅する場合，株式交換若しくは株式移転により本会社が他の会社の完全子会社となる場合，又は本会社の事業の全部又は実質的に全部が承継され，かつ，剰余金の配当が行われる会社分割に限る。），又は(ii)本会社の株式を譲渡することにより本会社の総株主の議決権数の過半数を第三者に譲渡する取引が生じる場合（以下，(i)及び(ii)を「支配権移転取引」と総称する。），当該支配権移転取引において，当該支配権移転取引に参加する本株主が株式の処分と引き換えに受領する対価の分配については，かかる対価の総額を残余財産の額とみなし，また，当該対価を取得する本株主を本会社

ることを想定した規定が考えられる。

> の全株主とみなして，本会社の定款における残余財産分配の規定に準
> じて決められるものとすることに同意する。
> 2．本株主及び本会社は，本会社の支配権移転取引に係る条件が前項に
> 従った条件となるよう，当該支配権移転取引に係る相手方と合意しな
> ければならない。
> 3．本株主及び本会社は，本会社が事業の全部若しくは実質的に全部を
> 譲渡した場合又は吸収分割又は新設分割（但し，本会社の事業の全部
> 又は実質的に全部が承継される場合に限り，第1項(i)括弧書きに規定
> する会社分割であって本会社が当該会社分割に基づき受領する対価の
> 全てが本株主に配当されるものを除く。）を行った場合，本会社を速
> やかに解散し清算することに合意する。

　上記(3)①で述べたように，ベンチャー投資の場合には剰余金の配当及び残
余財産の分配に関して普通株主よりも優先する旨を定めた種類株式が発行さ
れることが一般的であるが，投資先企業の株式の売却等によって投資先企業
が買収された場合には，当該買収価格に応じて割り付けられた株式の譲渡価
格を受け取ることになり，かかる優先的取扱いを受けることができるとは限
らないことになる。

　しかしながら，将来の事業成長を考慮して合意された投資金額を出資した
にもかかわらず，その買収価格が十分な価格ではない場合には，VCファン
ドの観点からは，投資先企業が買収されるよりも清算して残余財産の分配を
受けた方が経済的に有利となる場合が考えられる[25]。

　25　例えば，900万円（1株10万円，合計90株）で設立したスタートアップ企業に
　　　対して，VCファンドが1,000万円（1株100万円，合計10株）を出資して，VC
　　　ファンド対創業者の優先配当及び残余財産の配分比率が3対1となる種類株式
　　　を引き受けたケースを想定する。仮に，第三者が当該スタートアップ企業の株
　　　式のすべてを1億円で買収する場合，当該買収価格を持分比率に応じてプロラ

　したがって，投資先企業の株式の譲渡[26]，合併等の一定の事由[27]によって投資先企業が買収される場合には，あたかも投資先企業が清算されたものとみなして，定められた優先配当比率に応じてVCファンドに対して配当を行う旨を合意しておくことがある（みなし清算条項）。

　みなし清算条項は，投資先企業の買収対価につき一部の株主に対して優先的に分配することを合意する内容であることから，株主全員との間で合意する必要があり，また，合併等の組織再編によって買収が行われる場合には，合併対価に関する合意事項として，みなし清算条項を定款に規定することが望ましい場合がある。

　定款にみなし清算条項を規定した場合の有効性について，合併契約等において，消滅会社等の発行する種類株式の内容に応じて，金銭等の割当てについて株式の種類ごとに異なる取扱いをすること等を定めることができる（会社法749条2項等）ことを根拠に，合併等が発生した場合に備えてあらかじめ定款において株式の種類ごとに異なる対価の取扱いを定めることは，権利調整条項として任意に定款に規定することができると考えられている[28]。例

　　タで割り当てると，創業者に9,000万円，VCファンドに1,000万円となる。しかしながら，仮に1億円の事業価値のあるスタートアップ企業がその事業を売却した上で清算すれば，残余財産の分配比率は，創業者が2,500万円，VCファンドが7,500万円となるため，VCファンドの観点からは，第三者に買収されるよりも解散・清算した方が経済的に有利となる。

26　買収者が投資先企業の全株式を取得する場合でなくても，みなし清算条項を適用するニーズが生じることが想定されることから，みなし清算条項の適用範囲については，過半数の株式の譲渡までカバーする形で規定していることが多い。

27　なお，買収者との取引が事業譲渡又は物的分割（分割会社の株主に対する剰余金の配当を伴わない会社分割）の場合には，株主に対して対価が支払われないことになるため，みなし清算条項を直接適用することなく，投資先企業を解散・清算させ，残余財産分配規定に従って優先的な分配がなされることになる（サンプル条項第3項参照）。

28　森田果「種類株式」江頭憲治郎編『株式会社法体系』（有斐閣，2013年）155頁，野澤大和「みなし清算条項を定款で定めることの有効性」商事2176号47頁。

えば，以下のような条項を定款に規定することが考えられる[29]。

第●条（みなし清算）

1．当会社は，当会社が消滅会社となる吸収合併もしくは新設合併，又は当会社が完全子会社となる株式交換もしくは共同株式移転（以下「合併等」と総称する。）をするときは，合併等に係る効力発生日において，普通株主又は普通登録株式質権者に先立ち，A種優先株主又はA種優先登録株式質権者に対し，A種優先株式1株につきA種優先残余財産分配額に相当する額の存続会社，新設会社又は完全親会社の株式及び金銭その他の財産（以下「割当株式等」という。）が割り当てられるようにする。

2．A種優先株主又はA種優先登録株式質権者に対してA種優先残余財産分配額の全額に相当する額の割当株式等が割り当てられた後に，なお当会社の株主に割り当てられる割当株式等がある場合には，A種優先株主又はA種優先登録株式質権者は，A種優先株式1株当たり，普通株式1株当たりの割当株式等の額に，その時点におけるA種転換比率（A種優先株式の当初取得価額をその時点における取得価額で除して得られる係数をいう。）を乗じた額（円未満切捨て）に相当する割当株式等の割当てを受ける。

　もっとも，株式譲渡の場合や，投資先企業の株主に対して対価が交付されない事業譲渡又は物的会社分割の場合については，みなし清算条項を定款に定めることに疑問が残ることから，これらの場合をカバーするべく，定款に加えて，株主間契約においてもみなし清算条項を規定する（この場合，株主

29　ベンチャー投資等に係る制度検討会報告書（2015年3月）43頁。

間契約においては，追加される株式譲渡等の場合だけでなく既に定款で規定されている合併等の組織再編の場合を含めて規定する）ことが一般的である。また，強制売却請求権（drag-along right）に基づく株式譲渡が行われる場合には，当該株式譲渡の場合にもみなし清算条項が適用されることに留意する必要がある。

　合併等の組織再編が定款に規定したみなし清算条項に違反した場合，定款に違反する組織再編として差止事由（会社法784条の2第1項）になることに加え，定款に違反した合併契約等を承認した株主総会決議には決議取消事由（同法831条1項2号）が認められる。一方で，株式譲渡等が株主間契約のみなし清算条項に違反した場合の取扱いとしては，取引自体の有効性を争うことは難しいと考えられるが，株主間契約に基づき，他の株主が受領したみなし清算条項に違反した対価の額をみなし清算条項の内容どおりの分配額となるように再分配する義務の履行請求が可能とする見解がある[30]。

⑹　上場が実現されない場合の買戻条項

　PEファンドが当事者となる株主間契約と同様に，VCファンドは原則としてIPOによるエグジットを想定していることから，上場協力努力義務が規定されることが多い。また，VCファンドは，PEファンドよりもIPOによるエグジットの要請が強く，上場が実現されなかった場合には相対取引によって自己が保有する少数株式のみを譲渡することが実務上困難という場合もあるため，投資先会社が株式上場の要件を満たしているにもかかわらず，株式上場に向けた合理的な努力を怠っている場合には，VCファンドから投資先会社に対して，株式の取得を請求できる権利が規定されることがある[31]。

　30　田中亘＝森濱田松本法律事務所編『会社・株主間契約の理論と実務』（有斐閣，2021年）392頁〔松尾健一〕。

　31　実務上，一定期間に上場できなかったことを買戻請求権の行使条件とする事例もあるが，一定期間に株式上場できなかったというだけで，投資先会社及び創業株主に買取請求を行うことは，日本のスタートアップマーケットの健全な

　かかる買戻請求権が行使された場合の譲渡価格については，権利を行使した投資家が投資先会社の株式を取得したときの価格，直近の投資先会社の株式の譲渡又は発行事例の価格，投資先会社の簿価純資産に基づく１株当たりの純資産額，第三者の株式評価額の鑑定結果に基づく価格等に基づき決定されることが多い。

発展という観点から好ましくなく，このような条項を設けることは避けるべきであると指摘されている（経済産業省「我が国における健全なベンチャー投資に係る契約の主たる留意事項」（2018年３月）33頁）。

第3章

個人が当事者となる
株主間契約

1 個人が株主間契約の当事者となる場面

　スタートアップ企業に対する投資案件や創業者の一部エグジット案件等では，投資家と既存個人株主との間で株主間契約を締結することが一般的である。また，そのようなケースでは創業者又は主たる株主が投資先会社の経営陣である場合も多いことから，投資家及びかかる既存経営陣との間で締結される株主間契約は，投資先会社に関するガバナンス，株式の取扱い等にとどまらず，経営委任契約としての側面を有することもある[1]。

　その場合には，経営陣株主が経営委任契約として規定された義務について違反した場合も株主間契約上の契約違反として扱われることがある。そうすることで，投資家は，投資先会社における経営上の責任を直接経営陣株主に対して問うことが可能となる。

1　一方で，既存株主が複数いる場合，経営委任契約としての内容を他の既存株主に開示することを好ましくないと思う経営陣株主もいると思われる。また，経営委任契約は，当該既存株主の経営陣としての地位に基づいて締結されるが，株主間契約は，株主としての地位に基づいて締結されるものであるから，それぞれ別個に作成するということも考えられる。

2　個人株主が株主間契約の当事者となる場合の留意事項

(1)　個人株主が経営陣である場合の取扱い

　株主間契約の当事者である個人株主が会社の経営陣でもある場合，当該個人株主が会社の事業運営にとって重要な影響力を有している場合が多いことから，株主間契約において，株主間契約の締結後一定の期間は，会社の取締役の職を辞任してはならない旨を定めるとともに，個人株主退任後は会社の事業と競業する事業を行わない旨を規定することがある[2]。

(2)　個人株主に対する補償請求

　株主間契約上義務違反があった場合は，義務に違反した株主に対して補償請求をすることができる旨規定されていることが一般的であるが，当該株主が個人株主である場合，補償請求の可否は当該個人株主の資力に左右され，企業が株主である場合に比べて資力が不十分である可能性は高い。個人株主が取締役等の役員を兼任している場合には，退職金の全部又は一部の減額を行ったり，違反株主に対するコールオプションに基づく株式譲渡対価と損害賠償請求権とを相殺すること等によって，個人株主の信用不安に係るリスクを回避することも一定の限度で可能である。

(3)　個人株主が死亡した場合の取扱い

　株主が個人の場合には，当該株主が死亡した場合の取扱いについて株主間契約上どのように規定しておくべきか検討する必要がある。

　原則として，個人株主が死亡した場合には，個人株主が保有する会社の株式は相続財産に含まれ，遺産分割が行われるまでは，相続人間の準共有の状

　2　ただし，個人株主にも職業選択の自由（憲法22条1項）があるため，制約の期間・態様等によっては，かかる合意が無効とされてしまう可能性があることについては留意が必要である。

態にある。したがって，かかる原則的処理に従えば，株主間契約上の地位も，相続人間の準共有状態になり，特定の相続人に遺産分割されるまで，死亡した個人株主に拒否権があった事項等については，準共有状態にある相続人らから同意を取得する必要がある。

　しかしながら，株主間契約の契約上の地位が，相続人間の準共有状態になることで，事業運営に支障が生じる可能性もあることから，個人株主の死亡については，例えば，株主間契約上のコールオプションの行使事由としておくことで，当該個人株主が保有している株式及び株主間契約の契約上の地位が相続財産の対象となることを回避することが考えられる。

　また，上記株主間契約上の対応に加えて，投資先会社の定款において，相続等の一般承継により投資先会社の株式を取得した者に対して，当該株式を合弁会社に売り渡すよう請求することができる旨を定めることもできる（会社法174条）。

　ただし，かかる売渡請求の対象となるのは譲渡制限株式に限定されており[3]，売渡の請求にあたって必要な事項を株主総会の特別決議によって定める必要がある（会社法175条1項・309条2項3号）。また，売渡請求は，合弁会社が相続その他の一般承継があったことを知った日から1年以内に行使しなければならず（同法176条1項但書），当該売渡請求に基づく株式の取得については分配可能額規制の対象となる点にも留意する必要がある（同法461条1項5号）。

(4)　個人株主が当事者となる契約と消費者契約法の適用

　個人株主を契約当事者とする株主間契約については，消費者契約法上の消費者契約に該当する可能性を検討する必要がある。しかしながら，株主間契約の当事者となる多くの個人株主は，個人事業主として株式を保有し株主間

　3　会社法174条の趣旨は，相続，合併等の一般承継によって会社の好まぬ第三者が株主となることを防ぐ点にあるためである。

契約を締結していると考えられることから，当該株主間契約の締結は「事業
として又は事業のために契約の当事者となる場合」に該当する場合が多いと
考えられる（同法2条1項・3項等参照）。

　そこで，個人株主が契約当事者となるケースでは，このように個人株主が
消費者契約法上の「消費者」に該当しないことを明確にするために，念のた
め個人株主における表明保証において，株主間契約が個人株主の事業のため
に締結されるものであることを規定しておくことが考えられる。

第4章

外国法人を合弁会社とする
合弁契約

1 総 論

　日本企業が海外に進出する場合，現地の法制度の要請として，又は既存の現地企業が有するノウハウやコネクションを活用するため，現地企業との間で合弁会社を設立する場合も多いと思われる。

　その場合に，合弁会社に関する事業運営，コーポレートガバナンス，少数株主としての権利等に関して，株主である日本企業と現地企業との間で株主間契約を締結することになるが，株主間契約は対象となる会社の設立準拠法の内容及びその実務の影響を強く受けることから，現地法に基づいて設立された会社を合弁会社とする合弁契約を締結するにあたっては，当該会社の設立準拠法及び現地法制における合弁契約に関する実務を考慮して交渉に臨む必要がある。

2　外国法人を合弁会社とする株主間契約における個別の留意点

(1)　契約当事者

　日本の株主間契約の実務では，株主のみが契約当事者となることが多く，合弁会社を契約当事者とすることは必ずしも多くない[1]。

　一方で，次で述べるとおり，海外における株主間契約の実務では株主間契約の内容を会社の付属定款等にも反映させることが多いこと，合弁会社に対して直接義務を課す内容が含まれることが多いことなどから，合弁会社も契約当事者に含めることも少なくない。

(2)　株主間契約と定款等との関係

　日本の株主間契約の実務では，株主間契約の別紙において，合弁会社の定款の内容を定めた上で，そのとおり合弁会社の定款の内容を定める旨を合意しておくことが多いが，定款には，株主間契約の内容を大幅に盛り込まないことが通常である。

　これは，①定款に株主間契約の内容を規定した場合，株式の内容に関する合意などが登記事項の対象になり，当事者間の守秘にしておきたい条項が一般に閲覧可能になってしまう可能性があること，②内容によっては定款記載の客観性・明確性との観点から有効性に疑義が生じる場合があること，③株主間契約の規定の中にはそもそも会社法上定款に盛り込むことができない合意事項も多いこと，といった実務上の理由に基づくものである。

　一方で，海外における合弁会社では，定款に記載できる事項についての自由度が高いことも多く，また，登記・登録の対象とならないため，株主間契約の内容をほぼそのまま定款にも規定するのが通常の実務慣行となっている

　1　合弁会社を株主間契約の当事者とすることのメリット・デメリットについては，第2編第1章注1参照。

国も多い[2]。

(3)　合弁会社の組成

　合弁会社が外国法人の場合，合弁会社の設立は合弁会社の設立準拠法に基づいて行われることになる。株主間契約においては，合弁会社の組成に関しては，合弁会社の組成スキーム，合弁会社に対する出資の方法並びに財産の種類及び価額，組成後の株主間の合弁会社株式の持株比率等について規定されるが，合弁会社の設立準拠法特有の規制について具体的な規定がなされることは少なく，適用のある法律に従って設立される旨規定されるにとどまることが多い。

　しかしながら，設立地特有の規制の有無及び具体的内容については留意し，当該規制に必要な対応内容やスケジュールに与える影響等について事前に検討しておく必要がある。

　例えば，米国において合弁会社を設立する場合，合弁会社に対する出資が1933年証券法（Securities Act of 1933）上の株式の募集（offer）に該当しうるため，合弁会社が非公開企業であっても，米国における証券法上の考慮が必要になる点に留意する必要がある。

　1933年証券法上，株式という証券（security）の売却（sale）をするためには，原則として，登録届出書（registration statement）を提出することにより対象となる株式を米国証券取引委員会（Security and Exchange Commission。以下「SEC」という）に登録する必要がある。

　したがって，非公開企業に対する出資において当該登録手続を回避するため，当該出資が1933年証券法4条(a)(2)の私募（private placement）に該当する必要がある。

　2　もっとも，そのような国であっても，会社のすべての株主が株主間契約の当事者となっていない場合には，株主間契約の秘匿性を保持するため，合弁会社を株主間契約の当事者とせず，また定款に株主間契約の内容を反映させないことはある。

　日本の金融商品取引法と異なり，私募に明確な定義はないが，レギュレーションDのルール506はセーフハーバールールを定めており，投資家がルール501で定義される「適格投資家」（accredited investors）[3]である場合は人数の制限なく，非適格投資家（ただし，自己又はその代理人を通じて株式の引受けに係るリスクを評価することができる程度の知識，経験等を有しているものに限る）については35人まで，募集額の上限なく登録免除の対象となる。

　非適格投資家に対する売付けを行う際には，かかる投資家が上記の程度の知識，経験等を有していることを，発行体が合理的に信じていることが必要とされる[4]。

　そこで，合弁会社の出資に関する表明保証において，合弁会社の株式を引き受ける株主が，「適格投資家」（accredited investors）に該当することや合弁会社の株式の引受けに係るリスクを評価することができる程度の知識，経験等を有していること等が規定される。

⑷　契約準拠法・紛争解決条項

　合弁会社が外国法人の場合の株主間契約において，契約準拠法をどの国又は州の法律とするかという点については様々な考慮要素を勘案して決定されることになる。

　株主間契約は，合弁会社の設立，合弁会社株式の取扱い，ガバナンス，役員に対する責任等を規定することから，合弁会社の設立準拠法と密接な関係を有しているため，合弁会社の設立準拠法を株主間契約の契約準拠法として選択される場合が比較的多い。

　しかしながら，例えば日本企業同士で海外に合弁会社を設立するという場合では，いずれの株主にとっても馴染みのない法律を契約準拠法とすること

　3　適格投資家は，機関投資家や総資産が500万ドルを超える法人・組合，発行体の役員などが含まれ，通常はかかる金額要件をクリアする場合が多い。

　4　Mark v. FSC Securities Corp., 870 F. 2nd 331（6th Cir. 1989）

になるため，特に合弁会社における会社組織と関係のない条項について，株主間契約に規定されたとおりの効力が認められないというリスクがある。

　そのような場合には，合弁会社の設立地にかかわらず，株主同士にとって株主間契約の適用関係が明確となるような馴染みのある法律（上記の例でいえば，日本法）を選択するか，又は原則として株主同士に馴染みのある法律を契約準拠法としつつ，合弁会社の会社組織に関する事項については合弁会社の設立準拠法とすることも少なくない[5]。

　紛争解決条項について，合弁会社が日本法人の場合には東京地方裁判所を第一審の専属的合意管轄として指定することが多いが，合弁会社が外国法人の場合には合弁会社の設立地によっては当該設立地に存在する裁判所を合意管轄としても，その裁判所に対する信頼性が低かったり，裁判所が出した判決を合弁会社の株主が所在する国で強制執行できない等といったリスクがある。

　そこで，株主間契約の契約準拠法又は合弁会社の設立地の裁判所ではなく，仲裁による紛争解決条項を規定することも多い。

(5)　登録請求権（registration right）

　特に米国における株主間契約の実務として，成長中の企業に対する投資案件において，投資家が，投資先会社に対して，当該会社の株式を証券取引所で売却できるように当該株式をSECに登録することを請求する権利（登録請求権）を規定することが多い。

　投資家の観点からは，投下資本の回収手段の確保のために必要な権利であるが，会社経営陣の観点からは，早急な新規上場によって売出価格が十分に企業価値を反映していない等といった事態を避けるために，株主から新規上

　5　米国のデラウェア州法であれば日本企業であっても馴染みのある法律ということもあるので，デラウェア州法準拠のLLCを合弁会社とする場合には，株主間契約ではデラウェア州法が選択されることが一般的である。

場を求める権利を制限する必要があることになる。

⑹　デッドロックの解消方法

　会社の事業運営に関する重要な事項について，株主間契約上必要とされる株主間の合意又は一方株主による同意が得られない状態（いわゆるデッドロック）の解消について，海外における株主間契約では，日本の株主間契約の実務でも用いられているようなコールオプション，プットオプション等の条項以外に，特定の者に判断権を与えるキャスティング・ボート条項，第三者による調停（mediation）又は仲裁（arbitration）によって解決する旨の条項，会社清算条項など，規定されることがある条項のバリエーションが大きく，逆に日本の株主間契約に見られるような誠実協議することのみを定めることは非常に少ない。

⑺　競業避止義務及び合弁会社の会社機会の取扱い

　日本の株主間契約の実務と同様に，株主に対して，合弁会社が営む事業と競業する事業を行うことを制限する旨の競業避止義務が規定されることが多い[6]。

　また，競業避止義務に加えて，米国における株主間契約の実務では，支配株主又は取締役における忠実義務の内容として，合弁会社が関心又は将来有望との見込みを有する可能性のある投資又は事業機会等の会社機会（corporate opportunities）があれば，それを合弁会社に対して提供することが求められる場合がある。

　したがって，株主間契約上，株主に対してそのような義務を明示的に義務づける場合もあれば，逆に，契約準拠法が許容する範囲で，株主にはそのよ

6　特に米国では，裁判所が競業避止義務の期間的制限又は地域的制限が過度に広範であるとして無効と判断した場合であっても，裁判所は当該競業避止義務の内容を適法な範囲に修正又は縮減することができる旨の条項（Blue Pencil条項）が規定されることがある。

うな会社機会の提供義務を有さない旨を定めることもある[7]。

(8)　関連契約の締結

　日本における株主間契約の実務では，合弁会社のガバナンス，事業運営，投下資本の回収の手段等に関して必要な事項をすべて1つの株主間契約に規定することが多いが，特に米国における株主間契約では，一定の事項について株主間契約と別の契約にて締結することがある。

　例えば，デッドロックや契約上の義務違反を理由として合弁関係を解消するための株式譲渡契約（buy/sell agreement），株主としての議決権行使に関する議決権行使契約（voting agreement），合弁会社の株式のSEC登録を請求するための登録請求権契約（registration right agreement）等に関して，株主間契約とは別の契約で締結されることがある。

3 | 米国における合弁企業の企業形態〜LLCの活用〜

　本編第1章⑤(2)で述べたとおり，日本における合弁会社の企業形態として合同会社を選択することのメリットがいくつか認められているが，実務上は株式会社が選択されることの方が多い。その一方で，米国において米国企業同士で合弁会社を設立する場合，ガバナンスや事業運営に関する設計の自由度が高く，米国租税法上，パススルー・エンティティとして取り扱うことができる有限責任会社（Limited Liability Company。以下「LLC」という）の形態が選択されることが多い。

　LLCを選択することのメリットとして，例えば以下の点が挙げられる。

　　7　デラウェア州一般会社法122条⒄では，会社の権限として，執行役，取締役又は株主に対してかかる会社機会の提供の義務を免除させることができる旨が定められている。

(i) 構成員による運営又は構成員の選任するマネージャーによる運営のいずれかを選択することができ，また，それに加えて取締役会（又はそれに類似する合議体）を設置することも可能であるなど，ガバナンス体制の選択肢が豊富にある。また，構成員又はマネージャーの信認義務（fiduciary duty）の内容を免除又は修正することができる[8]。

(ii) LLCに対して直接出資をしなくても，LLCの構成員となることが可能である[9]。LLCにおける出資割合と損益の分配割合は必ずしも一致させる必要がないことから，そのような直接出資を行っていない構成員に対する分配についても構成員間の合意で定めることが可能である。

　　また，LLCの持分について，資本的持分（capital interest）と収益的持分（profit interest）に分けて，LLCに対してサービスを提供している構成員に対しては，収益的持分による分配比率を高めて，LLCに対して資金提供を行っている構成員に対しては資本的持分による分配比率を高める等といった合意をすることも可能である。

(iii) 構成員が有するLLCの持分を経済的権利と経営に関する権利に分離し，個別に譲渡等の処分が可能である。後者について第三者に譲渡・委任できないとすることを定めることもでき，このように定めることにより，例えば，構成員が倒産した場合に，LLCの経営主体が第三者の手に渡ってしまうというリスクが回避できる。

(iv) 構成員は原則として追加出資義務を負うことはないと規定することも，事業を運営している構成員又はマネージャーの出資要請（capital call）に従って，構成員が出資比率に応じて出資を行う義務がある旨を規定することもできる。

以上のメリットはあるものの，日本企業がLLCの構成員となる場合は，日

8　デラウェア州有限責任会社法18-1101条(c)。
9　デラウェア州有限責任会社法18-301条(d)。

本の租税法上LLCのパススルー・エンティティとしての税務上のメリットを享受できない可能性がある[10]上に，当該日本企業が米国租税法上の申告書類の提出等の義務を負い，米国税務当局による税務調査の対象となるおそれがある等のデメリットがある。

　したがって，日本企業が当事者として含まれる場合には，結局LLCは採用されず，会社（corporation）の形態による合弁会社の設立がなされるケースも多い[11]。

10　国税庁HPでは，特にデラウェア州におけるLLCに限定することなく一般論として，米国におけるLLCは，LLCと構成員は異なる法的主体であること等を理由に，日本の租税法上は外国法人として取り扱う旨を述べている。したがって，LLCから分配される損益を構成員である日本企業において計上することができない。なお，ニューヨーク州のLLCについては，さいたま地判平成19年 5 月16日訟務月報54巻10号2537頁及びその控訴審東京高判平成19年10月10日訟務月報54巻10号2516頁において，同じく日本の租税法上外国法人に該当する旨が判示されている。

11　なお，上記デメリットはLLCの構成員を日本企業の米国子会社とすることで回避することが可能であることから，そのような対応が取られることもある。また，比較的小規模な現地法人を設立したいという要望があれば，設計の自由度が高いLLCを選択した上で，LLCを課税対象エンティティとなることを選択することもある。

第5章

上場会社と株主間契約

　これまで合弁契約又は株主間契約の対象となる会社は非公開会社を想定し，非公開会社に関するガバナンス，事業運営，株式の取扱い等に関する合意内容について議論してきた。

　上場会社の場合，基本的に不特定多数の株主が存在するため，特定の株主間で上場会社のガバナンスに関して合意するという場面が少なく，また，上場会社における経営の独立性及び少数株主の保護の観点から，大株主が上場会社の経営に対して過度な干渉を行うことは望ましくないという側面がある。

　しかしながら，上場会社であっても，一定の持株比率を保有する大株主がいれば，取締役の選任等のガバナンスに関する事項については一定の影響力を有することは否定できず，複数の大株主がいる場合には，役員の選任や株式の取扱いに関して，大株主同士で合意しておいた方が株主の権利が相互に確保されるというメリットもある。

　したがって，上場会社の場合であっても，一部の大株主同士による株主間契約や大株主と上場会社との間で，役員の選任等のガバナンスに関する事項や株式の取扱いについて合意することが実務上みられることから，その取扱いについて本章で概説する。

1 　上場会社の株主間契約

　本編第2章 1 (2)⑤で述べたとおり，上場審査にあたっては，企業経営の健全性の項目として新規上場申請者の企業グループの経営活動が親会社等からの独立性を有する状況にあると認められることが要件とされている[1]。したがって，上場審査の過程で，上場申請会社の株主間で締結されている株主間契約は終了させる必要がある。

　しかしながら，既に上場した会社に関して，一定の株主が自己の保有する上場会社の株式に関する取扱いについて契約を締結することは上場規則上妨げられていない。したがって，上場会社の事業運営に関しても株主間において契約を締結することは考えられる。

　そのような上場会社に関する株主間契約において定められることがある内容としては，第2編で述べた内容のうち，特に①取締役の指名権，②上場会社株式の譲渡制限，③他の株主が上場会社株式を譲渡する場合の先買権やtag-along right/drag-along right等の権利や，プットオプション又はコールオプション等が挙げられる。

　また，上場会社の株主は，非公開会社の場合と異なり，株式市場で会社の株式を買い増すことが可能であり，その結果，株主間契約を締結している株主間における保有割合が変動することになるため，投資先である上場会社の株式の譲渡を制限する条項，又は追加取得を制限する条項（スタンド・スティル条項[2]）を規定することも少なくない。

　1　東京証券取引所では，有価証券上場規程207条1項2号，上場審査等に関するガイドラインⅡ3.(1)a及び2020～2021新規上場ガイドブック（市場一部編）Ⅳ上場審査に関するQ&A 2 (3)。
　2　スタンド・スティル条項に違反して，株主が上場会社の株式を買増した場合であっても，当該買増し行為は契約上の義務違反にすぎず，会社側は追加取得

2　上場会社と株主との契約

　上場会社に関する株主間契約が締結されるような場面においては，株主間契約とは別に，上場会社と当該株主との間で契約が締結される場合がある。例えば，資本関係を強化し，相互の事業拡大を目的として資本業務提携を行う場合の資本業務提携契約が典型例である。これらの契約においては，資本取引及び業務提携の内容のみならず，株主間契約に規定されるような提携後の上場会社の事業運営に関する内容，当該株主が保有する株式の処分に関する制限，スタンド・スティル条項，当該株主の保有する株式に係る希釈化防止条項[3]等も規定されることがある。そして，株主間における合意と異なり，上場会社と株主との間で合意される場合には，以下で述べるように，株主平等原則や利益供与等の会社法上の強行法規との関係で，その有効性等について留意する必要がある。

(i)　議決権拘束合意

　株主間の議決権拘束合意と異なり，会社と株主の間の議決権拘束合意については，株主が会社（実質的には，その経営者）の意向に沿って議決権を行使することになり，経営者の会社支配のために利用されるおそれがあるため，無効と解する学説も少なくなく，その法的効力は不明確とされている。しか

　　　された株式の議決権行使を否定することはできない（西村あさひ法律事務所『M&A法大全（下）（全訂版）』（商事法務，2019年）25頁）。さらに，契約上明記されていなくても，スタンド・スティル条項に違反して買い増した株式を契約上合意された持株比率割合以下になるまで減らす義務があるとする見解がある（田中亘＝森濱田松本法律事務所編『会社・株主間契約の理論と実務』（有斐閣，2021年）366頁〔白井正和〕）。
　3　上場会社と株主の間で締結される契約において希釈化防止条項が規定される場合，当該規定に違反して行われた株式の発行に対しては，契約違反を理由に上場会社に対して発行差止めの仮処分を求めることが考えられる。

しながら，上場会社における資本提携契約では，取締役の指名に関する合意等は資本提携における重要な前提とされることが多いことから，実務上，株主と上場会社の間の契約であっても，議決権拘束契約が締結されることはよくみられる。そして，議決権拘束合意の内容が特定の個人ではなく，会社が指名した者を取締役に選任する旨の議案に賛成するというものであり，かつ，会社による取締役選任の指名が適切に行われるための手続が整備されている場合には，議決権拘束合意が取締役の地位を保全とする手段として用いられる危険性は低く，有効性を認めることに差し支えないと思われる[4]。

(ⅱ)　譲渡制限

　第1編第3章③で述べたように，株主と株式会社との間の契約に基づき，上場会社に対して無制限の同意権・拒否権を与えることによって株式譲渡を制限する場合には，かかる契約については無効と考えられる可能性が高い。

　しかしながら，株主と株式会社との間の契約に基づく譲渡制限であっても，例えば，上場規則などに基づき一定期間の継続保有を確約すること[5]，株式の公募にあたり引受証券会社との間で大株主が一定期間株式を処分することを禁止するいわゆるロックアップ条項など，合理的な理由に基づく場合，又は一定期間に限定して譲渡を制限するものや，定款の規定に基づいて可能とされる制限と実質的に同等の制限を課すものなどは，無効と解する必要はないと考えられる[6]。

　したがって，資本関係を強化し，相互の事業を拡大すること等を目的とする資本提携契約の場面では，当該目的を達成するために一定期間は上場会社の株主の保有を継続する旨の制約を課したとしても合理性が認められ，有効

4　田中亘＝森濱田松本法律事務所編『会社・株主間契約の理論と実務』（有斐閣，2021年）342頁〔白井正和〕。

5　東京証券取引所においては，有価証券上場施行規則255条1項1号等。

6　長島・大野・常松法律事務所編『アドバンス会社法』（商事法務，2016年）166頁等参照。

と解されるように思われる[7]。

(ⅲ)　上場会社による株式の買戻しと利益供与

　株主が保有する株式について，契約違反や資本提携の終了を事由として，上場会社が，自己株式取得の手続に従って，当該株式の買戻しを行う旨を定める場合がある。しかしながら，株式会社は，何人に対しても，株主の権利行使に関して財産上の利益の供与をしてはならないとされている（会社法120条1項）。

　したがって，上場会社が特定の株主から自己株式の取得を行う場合に，それが利益供与（会社法120条1項）に該当する可能性があるか問題となる。この点について最高裁は，「株式の譲渡は株主たる地位の移転であり，それ自体は「株主ノ権利ノ行使」とはいえないから，会社が株式を譲渡することの対価として何人かに利益を供与しても，当然に商法294条ノ2第1項が禁止する利益供与には当たらない。しかしながら，会社から見て好ましくないと判断される株主が議決権等の株主の権利を行使することを回避する目的で，当該株主から株式を譲り受けるための対価を何人かに供与する行為は，上記規定にいう「株主ノ権利ノ行使ニ関シ」利益を供与する行為というべきである」と判示している[8]。

　下記3で述べるとおり，上場会社の株式取得に関しては，それ自体が強制

　7　田中亘＝森濱田松本法律事務所編『会社・株主間契約の理論と実務』（有斐閣，2021年）353頁［白井正和］では，上場会社と株主の間の資本提携契約における株式譲渡制限規定について，原則として有効としつつ，①当事者が契約内容を十分に承知した上で契約を締結しているか，また②契約外の株主の利益にも配慮される観点から，株式譲渡制限規定が現経営陣の支配権維持・確保のために利用されるおそれがあるときは別段の検討を要するとしている。もっとも，通常の資本提携契約では，当事者双方の代理人を通じて株式譲渡制限規定について当事者は十分理解していると考えられる場合が多く，資本提携先の保有する株式の譲渡が制限されることによって現経営陣の支配権維持・確保される場面は想定し難いように思われる。

　8　最判平成18年4月10日民集60巻4号1273頁（蛇の目ミシン工業最高裁判決）。

公開買付けの対象となる場合があるため，上場会社が自己株式取得に係る公開買付けによって，株主から自己株式を取得する場合[9]には，すべての株主に売却の機会が与えられていることから，利益供与の問題は生じないと考えられる。

　また，事前公表型による自己株式の取得の場合，当該取得は市場内取引であるとともに，終値取引（ToSTNeT-2）の場合は売り注文と買い注文が時間優先のルールで処理され，自己株式立会外買付取引（ToSTNeT-3）の場合は売付申込数量が買付数量を超えた場合は按分して取引が成立することになるため，特定の株主からの取得が保証されているわけではない[10]。

　このように，ToSTNet-2又はToSTNeT-3を用いた事前公表型の自己株式の取得は，その制度上，特定の株主からの自己株式の取得が必ずしも実現できない以上，「会社から見て好ましくないと判断される株主」を排除する目的で自己株式を取得したとして利益供与とされる可能性も限定的であると思われる[11]。

③ 上場株式の売却に関する規制との関係

　大株主が株主間契約を締結することによってプットオプション又はコール

9　その場合は，他の株主から応募がなされないように，株式市場価格よりも低い価格で公開買付価格が設定されることになろう。

10　東京証券取引所「東証市場を利用した自己株式取得に関するＱ＆Ａ集」（2015年３月20日改訂）Q29への回答参照。したがって，ToSTNeT-2及びToSTNeT-3により自己株式を取得する場合に，特定の株主から自己株式を取得するために必要となる株主総会の特別決議は不要とされている。

11　ToSTNeT-2やToSTNeT-3を利用した取引は実質的には相対取引に近い取引になってしまう可能性が高いこと等を理由に，これらの手続を通じて特定の株主に対する買戻義務に応じて自己株式を取得する場合には，利益供与に該当するリスクを完全に払拭することはできないだろうとする見解もある（田中亘＝森濱田松本法律事務所編『会社・株主間契約の理論と実務』（有斐閣，2021年）379頁〔白井正和〕）。

オプションを有することになる場合，それ自体が強制公開買付け（金融商品取引法27条の2第1項本文）の対象とならないか検討する必要がある。

　また，先買権やtag-along right/drag-along rightといった権利を株主間契約で定めたとしても，その規定に基づいて行われる譲渡が強制公開買付けの対象となる可能性は高い。

　したがって，株主間契約では，株主間契約に基づいて行われる譲渡の手続として，株主は応募契約を締結し，株式の取得にあたっては金融商品取引法が定める公開買付け規制に従って行う旨等を定めることも少なくない。

　また，これらの合意をすることによって実質的特別関係者（金融商品取引法27条の2第7項2号）に該当する場合が多いことにも注意を要する。

　一方で，上場株式を売却する大株主においては，かかる売却行為が金融商品取引法上の有価証券の売付けの申込み又はその買付けの申込みの勧誘（「売出し」）[12]に該当し，有価証券通知書の提出等が必要となる可能性がある。

　すなわち，発行会社の主要株主[13]，発行会社又はその子会社の役員等の発行会社の関係者が保有する発行会社の株式を売却するような場合には，たとえ1株の売却であっても売出しに該当するとされている。

　そこで，公開買付けに応じて発行会社の主要株主等が上場会社株式を売却する行為に，上記売出規制が適用されるかが問題となる。しかし，公開買付けに応じることは勧誘行為ではなく「売出し」に該当しないとされており[14]，応募契約の交渉についても，同様に勧誘行為には該当しないと考えられている[15]。

12　金融商品取引法2条4項。
13　総株主の議決権の10％以上の議決権を保有する株主をいう（金融商品取引法163条1項）。
14　平成21年金融商品取引法等の一部改正案に係る企業内容等の開示制度における内閣府令案等に対するパブリックコメントの結果について（平成21年12月28日）中の「コメントの概要及びコメントに対する金融庁の考え方」No.62の回答。
15　長島・大野・常松法律事務所編『アドバンス金融商品取引法（第3版）』140

4　大量保有報告書との関係

　上場会社の株式に関する株券等保有割合が5％を超える株主は，原則として，大量保有報告書を提出する義務を負う[16]。そして，上場会社の株主が株主間契約を締結しているような場合には，実質的共同保有者に該当する可能性があるため[17]，株主間契約の当事者は互いを共同保有者として大量保有報告書を提出する義務を負うのではないかが問題となり，検討する必要がある。

　具体的には個別の契約内容に応じた判断が必要になるが，例えば，ある株主が指名した取締役候補について株主総会において両当事者が賛成票を投じる義務が定められていた場合には，共同して議決権を行使する合意があるとして実質的共同保有者に該当するであろう。

　また，大量保有報告書における「当該株券等に関する担保契約等重要な契約」においては，保有株券等に関する貸借契約，担保契約，売戻し契約，売り予約その他の重要な契約又は取決めがある場合には，その契約の種類，契約の相手方，契約の対象となっている株券等の数量等当該契約又は取決めの内容を記載する必要があるとされている[18]。

　したがって，上記のように上場会社の株主間において上場会社の株式に関する議決権の取扱い，上場株式の譲渡に関する合意，株式の譲渡制限等を合意した場合には，大量保有報告書にその概要を記載する必要がある点に留意

頁。

16　金融商品取引法27条の23第1項。

17　金融商品取引法27条の23第5項。なお，実際に共同保有の合意が形成されたか否かという点は事実認定の問題であり，相手が買うから自分も買うという程度の意思では足りず，お互いの意思疎通が必要とされている（長島・大野・常松法律事務所編『アドバンス金融商品取引法（第3版）』632頁）。

18　株券等の大量保有の状況の開示に関する内閣府令「第1号様式・記載上の注意」(14)。

する必要がある[19]。

　また，発行会社と株主の間の契約についても同様の開示が必要となる場合がある。

5　上場会社における取締役の義務

　上記のとおり，上場会社における大株主との間の株主間契約においては，取締役の選任について相互に指名権を与えるか，協議の上指名する取締役について合意し，選任議案について同一の内容の議決権を行使することを義務づけることがある。

　もっとも，上場会社の場合には単に株主間で合意することによって実際に取締役を選任することは必ずしも容易ではないことから，株主と発行会社の間の契約において役員選任議案において当該株主が指名した候補者を含む義務を定めた上で，株主間契約において議決権行使に関する合意をするといった対応が取られることも多い。

　なお，上記のような合意に基づいて選任された場合であっても，実際に選任された取締役は会社に対して善管注意義務を負っているため，自らを指名した大株主の意を受けて会社に不利な取引を行った取締役は，会社の損害を賠償する責任を負うことになる[20]。

　非上場会社，特に株主間契約の当事者となる株主しか存在しない合弁会社等の場合（この場合，全株主の合意によって役員の責任を免除することも容易である[21]）と異なり，上場会社の場合には，代表訴訟等によって実際に損

19　株券等の大量保有に関するQ&A「法27条の23第1項関係」第3問において，上場会社の株式を一定期間譲渡しない旨の契約は，当該株券等に関する担保契約等重要な契約」欄に記載する必要がある旨の回答がされている。
20　会社法423条1項。江頭憲治郎『株式会社法（第8版）』464頁。
21　会社法424条。

害賠償責任を問われるリスクが現実的なものであることに注意を要する。

索　引

＜執筆者紹介＞

◆編著者

藤原総一郎

＜略歴＞弁護士（長島・大野・常松法律事務所）。1996年東京大学法学部卒業。1998年弁護士登録（第一東京弁護士会所属）。2003年コロンビア大学ロースクール卒業（LLM）。2003年〜2004年Morrison & Foerster LLP（San Francisco）にて勤務。2008年〜上智大学法科大学院非常勤講師（現職）。2009年〜京都大学法科大学院非常勤講師（現職）。

＜主要著作＞『M&Aの契約実務（第2版）』（編著，中央経済社，2018年），『アドバンス会社法』（共著，商事法務，2016年），『公開買付けの理論と実務（第3版）』（共著，商事法務，2016年），『M&Aを成功に導く　法務デューデリジェンスの実務（第3版）』（共著，中央経済社，2014年）

◆著者

大久保　圭

＜略歴＞弁護士（長島・大野・常松法律事務所）。1998年東京大学法学部卒業。2000年弁護士登録（第一東京弁護士会所属）。2005年スタンフォード大学ロースクール卒業（LLM）。2005年〜2006年Morrison & Foerster LLP（San Francisco）にて勤務。

＜主要著作＞『M&Aの契約実務（第2版）』（共著，中央経済社，2018年），『M&Aを成功に導く　法務デューデリジェンスの実務（第3版）』（共著，中央経済社，2014年），『合併ハンドブック（第4版）』（共著，商事法務，2019年），『分割ハンドブック（第2版）』（共著，商事法務，2015年），『株式交換・株式移転ハンドブック』（共著，商事法務，2015年），『M&Aリスク管理の最前線——国内外の最新実務』（共著，商事法務，2018年）

大久保　涼

＜略歴＞弁護士（Nagashima Ohno & Tsunematsu NY LLP）。1999年東京大学法学部卒業。2000年弁護士登録（第一東京弁護士会所属）。2007年ニューヨーク州弁護士登録。2006年シカゴ大学ロースクール卒業（LLM）。2006年〜2008年Ropes & Gray LLP（Boston及びNew York）にて勤務。2014年〜2015年東京大学法学部非常勤講師。2017年10月より長島・大野・常松法律事務所ニューヨーク・オフィス（Nagashima Ohno & Tsunematsu NY LLP）共同代表パートナー。

＜主要著作＞『日米実務の比較でわかる米国アウトバウンドM＆A法務の手引き』（編著，中央経済社，2021年），『M&Aの契約実務（第2版）』（共著，中央経済社，2018年），『買収ファイナンスの法務（第2版）』（編著，中央経済社，2018年），『日本のLBOファイナンス』（共著，きんざい，2017年），『アドバンス会社法』（共著，商事法務，2016年），『金融商品取引法コンメンタール第2巻』（共著，商事法務，2014年）

笠原　康弘

＜略歴＞弁護士（長島・大野・常松法律事務所）。2005年東京大学法学部卒業。2006年弁護士登録（第一東京弁護士会所属）。2012年コロンビア大学ロースクール卒業（LLM）。2012年～2014年長島・大野・常松法律事務所ニューヨーク・オフィスにて勤務。2014年Machado Meyer Sendacz Opice Advogados（São Paulo）にて勤務。2016年～2019年まで東京大学法学部非常勤講師。2019年～東京大学法科大学院みなし専任実務家教員（客員准教授）（現職）

＜主要著作＞『M＆Aの契約実務（第2版）』（共著，中央経済社，2018年）

粟谷　翔

＜略歴＞弁護士（長島・大野・常松法律事務所）。2004年東京大学法学部卒業。2006年東京大学法科大学院修了。2007年弁護士登録（第一東京弁護士会所属）。2013年スタンフォード大学ロースクール卒業（LLM）。

＜主要著作＞『M＆Aの契約実務（第2版）』（共著，中央経済社，2018年），『M＆A担当者のための独禁法ガン・ジャンピングの実務』（共著，商事法務，2017年），『公開買付けの理論と実務（第3版）』（共著，商事法務，2016年）

加藤　嘉孝

＜略歴＞弁護士(Nagashima Ohno & Tsunematsu NY LLP)。2009年大阪大学法学部卒業。2011年京都大学法科大学院修了。2012年弁護士登録（第一東京弁護士会所属）。2019年ヴァージニア大学ロースクール卒業（LLM）。

＜主要著作＞『日米実務の比較でわかる米国アウトバウンドM＆A法務の手引き』（編著，中央経済社，2021年）

宇治　佑星

＜略歴＞弁護士（長島・大野・常松法律事務所）。2009年Drury University卒業（B.A.）。2013年慶應義塾大学法科大学院修了。2014年弁護士登録（第一東京弁護士会所属）。2020年スタンフォード大学ロースクール卒業（LLM）。

執筆協力者／コラム執筆者
海老沢宏行（長島・大野・常松法律事務所　弁護士）全体レビュー
伊藤　伸明（長島・大野・常松法律事務所　弁護士）コラム執筆

株主間契約・合弁契約の実務

2021年9月10日　第1版第1刷発行
2024年7月30日　第1版第9刷発行

編著者　藤　原　総一郎
著　者　大　久　保　　圭
　　　　大　久　保　　涼
　　　　笠　原　康　弘
　　　　粟　谷　　　翔
　　　　加　藤　嘉　孝
　　　　宇　治　佑　星
発行者　山　本　　　継
発行所　㈱中　央　経　済　社
発売元　㈱中央経済グループ
　　　　パブリッシング

〒101-0051　東京都千代田区神田神保町1－35
電話　03 (3293) 3371 (編集代表)
　　　03 (3293) 3381 (営業代表)
https://www.chuokeizai.co.jp
印　刷／㈱堀内印刷所
製　本／㈲井上製本所

© 2021
Printed in Japan

＊頁の「欠落」や「順序違い」などがありましたらお取り替えいた
しますので発売元までご送付ください。（送料小社負担）
ISBN978-4-502-38801-9　C3034